LA PETITE

# BOÎTE À OUTILS

LA COLLECTION BUSINESS N°1 DES VENTES



# de LinkedIn

Julien Pibourret

**32 outils**
clés en main
**+ 8 plans d'action**

DUNOD

**Crédits iconographiques**

Introduction : © eakkasit90 – Shutterstock ; p. 15 : © emojoez – Shutterstock ; Plan d'action 4 : © vladwel – Shutterstock ; Plan d'action 8 : © Bloomicon – Shutterstock ; p. 117 : © Giuseppe – R – Shutterstock

Direction artistique : Élisabeth Hébert
Conception graphique : mokmok.agency
Mise en pages : Belle Page


11 rue Paul Bert, 92240 Malakoff
www.dunod.com
ISBN : 978-2-10-082548-6

# La petite Boîte à outils
## des outils opérationnels tout de suite

# Sommaire


Introduction ... 6

Témoignage **Créez du lien avec votre communauté** ... 14

**DOSSIER 1 DÉCOUVREZ LES FONCTIONNALITÉS IMPORTANTES DE LINKEDIN** ... 16

Outil 1 Le profil personnel ... 18

Outil 2 La page « Entreprise » ... 20

Plan d'action **Gagnez en visibilité** ... 22

Outil 3 Le groupe LinkedIn ... 24

Outil 4 Les versions premium (payantes) ... 26

Outil 5 LinkedIn Actualités ... 28

Outil 6 Les évènements ... 30

Outil 7 La place des *hashtags* ... 32

Outil 8 La barre de recherche et les autres filtres ... 34

Outil 9 La rubrique « Emplois » ... 36

Outil 10 La rubrique « Mes éléments » ... 38

Outil 11 Le profil public et l'URL ... 40

Plan d'action **Obtenez votre SSI LinkedIn** ... 42

**DOSSIER 2 CONSTRUISEZ UN PROFIL PERSONNEL UNIQUE ET TROUVABLE** ... 44

Outil 12 Unsplash ... 46

Outil 13 Canva ... 48

Outil 14 Remove BG ... 50

Outil 15 Cool Symbol ... 52

Outil 16 YayText ... 54

Outil 17 Shield Analytics ... 56

Outil 18 Resume Worded ... 58

Plan d'action **Optimisez votre profil personnel** ... 62

**DOSSIER 3 CRÉEZ DU CONTENU SUR LINKEDIN** 66

Outil 19 Les *posts* et les articles 68

Plan d'action **Écrivez vos premiers contenus** 70

Outil 20 Le format document-carrousel 72

Outil 21 La vidéo et le *live* 74

Outil 22 Les *stories* 76

Outil 23 Les sondages 78

Plan d'action **Sept types de contenus à diffuser** 80

Outil 24 InShot 84

Outil 25 Headliner 86

Outil 26 Swello 88

Interview **Découvrez Swello** 90

Plan d'action **Devenez un média et sortez de la majorité silencieuse** 92

**DOSSIER 4 DÉVELOPPEZ UN RÉSEAU D'OPPORTUNITÉS PROFESSIONNELLES** 94

Outil 27 Un flux d'actualité qualitatif 96

Outil 28 La messagerie, votre allié 98

Outil 29 Le *targeting* 100

Plan d'action **Ajoutez une nouvelle relation** 102

Outil 30 Les signaux à interpréter 104

Outil 31 Les nouveaux abonnés de la page « Entreprise » 106

Interview **Trouvez vos premiers prospects** 108

Outil 32 Calendly 110

Plan d'action **La stratégie des 3x5 minutes** 112

Interview **Construisez un réseau avec plus de 29 000 relations** 114

Exemples de publications sur LinkedIn 117

Glossaire 123

Témoignages 125

Remerciements 127

# Introduction

## TROIS CHOSES À SAVOIR SUR LE PREMIER RÉSEAU SOCIAL PROFESSIONNEL

LinkedIn est aujourd'hui le réseau social professionnel le plus populaire avec un professionnel sur trois d'inscrit dans le monde. Son développement ne cesse de croître au vu des différentes mises à jour toujours plus innovantes et utiles. Pour autant, LinkedIn reste encore parfois méconnu et sous-estimé. Je le constate régulièrement lors de mes interventions auprès d'étudiants.

Contrairement à ce que beaucoup pensent, LinkedIn est antérieur à Facebook ; le réseau a été lancé le 1er mai 2003. Et dès avril 2004, le demi-million de membres est atteint. En 2005, LinkedIn Jobs est créé pour le recrutement. Enfin, 2014 est l'année qui illustre un tournant pour la plateforme avec plus de 300 millions de membres. Aujourd'hui, LinkedIn c'est plus de 170 secteurs d'activité dans plus de 200 pays différents, un site disponible dans plus de 24 langues et une entreprise cotée en Bourse au New York Stock Exchange sous le sigle LINKD. Depuis 2011, LinkedIn a été racheté par l'entreprise Microsoft pour 26,2 milliards de dollars.

Comme pour les autres réseaux sociaux, LinkedIn propose régulièrement de nouvelles fonctionnalités à destination des utilisateurs et surtout de nouvelles générations comme l'apparition des *stories* et du *live*. C'est ce que nous constaterons tout au long de cet ouvrage. Et il est à prévoir que cela n'est pas près de s'arrêter…

Ainsi, dans cette introduction, vous comprendrez mieux les opportunités de LinkedIn. Et en trois raisons, je vais vous expliquer pourquoi j'ai décidé d'investir ce réseau social.

**LinkedIn est présent dans plus de 200 pays, disponible en 24 langues et compte plus de 756 millions de membres.**

## LinkedIn est le réseau le plus utilisé par les professionnels

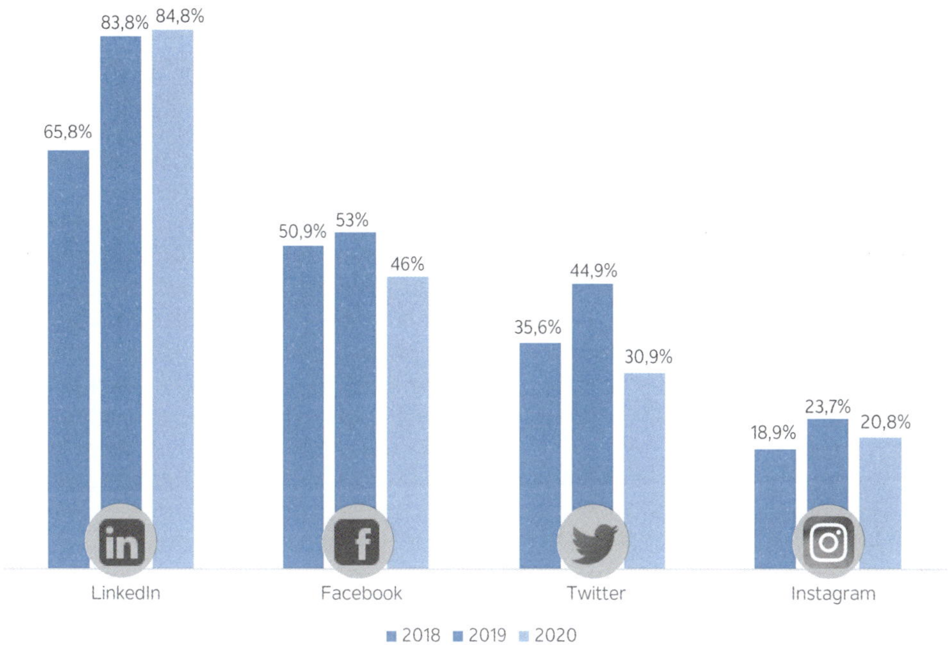


*Source : Baromètre Social Selling 2020, Intuiti & La Poste Solutions Business, Décideurs B2B.*

## 1. UN CARNET D'ADRESSES À CIEL OUVERT

LinkedIn se distingue des autres réseaux sociaux parce qu'il permet de connaître l'activité des professionnels que vous souhaiteriez contacter. C'est même la clé d'entrée du réseau. Si vous Identifiez clairement les personnes à atteindre et leurs fonctions, métiers, ce sera plus facile.

### Comment mettre en pratique cette opportunité ?

LinkedIn permet des recherches très précises avec des critères avancés. C'est simple, c'est comme Google, mais avec des filtres spécifiques. Par exemple, votre cible est « les directeurs d'hôtel qui travaillent à Paris et à Bordeaux ». Vous pratiquerez alors ce que l'on appelle le *targeting* qui permettra d'établir des listes de profils personnels très qualifiés sur cette cible, avant de définir ensuite si vous devez entrer en relation avec eux selon votre démarche (RH, marketing, commercial, entrepreneuriat, etc.).

### Le processus de conversation

Par ailleurs, si vous générez des conversations sur LinkedIn, vous avez déjà tout compris. C'est une pratique efficace, qui fonctionne pour sans cesse développer votre réseau. Attention en revanche à ne pas spammer vos contacts. Si vous débutez, mettez-vous à la place de vos interlocuteurs. Il est préférable de vous intéresser à eux en leur posant des questions ouvertes. C'est un élément très important de ma stratégie sur LinkedIn, qui permet de réfléchir sur du long terme. Je vous conseille vraiment d'adopter ce bon réflexe pour réussir. Pensez par exemple à accueillir vos nouvelles relations en proposant un échange sur vos expertises. Néanmoins, cette pratique connaît une limite : LinkedIn diminue les résultats si vous faites trop de recherches. Il vous faudra alors souscrire à un compte premium (gratuit pour 30 jours), qui apporte bien des avantages que nous verrons. Mais rassurez-vous, il n'est pas indispensable d'avoir un compte payant pour profiter des possibilités que LinkedIn peut vous offrir !

**LinkedIn, c'est comme Google mais avec des filtres spécifiques.**

## 2. UNE DIMENSION BUSINESS

Ne soyez pas naïf dans votre démarche, car vous êtes sur LinkedIn pour un objectif précis. Personnellement, je n'avais pas perçu la dimension business au début de mon utilisation de LinkedIn. En 2015, lors de ma reconversion professionnelle, j'utilisais LinkedIn uniquement pour postuler à des offres d'emploi et de manière très passive. Depuis, j'ai fait évoluer ma pratique.

**N'oubliez pas, LinkedIn est un vivier extraordinaire de prospects qualifiés à rencontrer et dispose d'une dimension business forte pour capter plus facilement des opportunités.**

Investir du temps sur LinkedIn, c'est donc interagir avec des personnes qui ont la même préoccupation ou la même problématique que vous. Ainsi, évitez de parler pour parler et de faire du blabla : concentrez-vous sur la manière dont la collaboration ou la connexion peut s'établir. Par exemple, quand un utilisateur visite mon profil et qu'il peut être un atout dans mon réseau, je me connecte à lui en lui envoyant une note personnelle ; dans ce court message, je lui demande simplement comment il a trouvé mon profil personnel. Plus précisément, les personnes que vous identifierez ont bien conscience que cette nouvelle demande de connexion est intéressée. Assumez cet objectif. En France, on n'est pas toujours à l'aise avec cette démarche, mais chez les Anglo-Saxons, elle est assumée. Nous sommes là pour faire du business sans faux-semblant.

### Des clients plus rentables

Si votre activité se développe sur le web, l'importance de se créer un réseau en ligne n'en est que plus forte. Cette nécessité est aussi l'une des raisons qui a orienté ma stratégie marketing et commerciale vers LinkedIn en 2018. Entrer en contact avec des clients qualifiés allait me permettre non seulement de vendre plus mais aussi d'engager une relation de partenariat. Mes contacts sont certes des clients mais aussi des partenaires de qualité. Nous sommes dans une relation gagnant-gagnant.

De plus, je cherche toujours à enrichir mon portefeuille de clients premium. C'est le bon état d'esprit à adopter sur LinkedIn car il permet par exemple d'assumer plus facilement une politique tarifaire en tant qu'indépendant. Néanmoins, les profils et les objectifs restent variés sur LinkedIn, chacun n'est pas au même niveau de maturité et/ou de décision. Vous devez y être préparé et construire de véritables relations sur la durée.

## 3. DEVENIR UN MÉDIA : SORTIR DE LA MAJORITÉ SILENCIEUSE EN CRÉANT DU CONTENU

La dernière raison de s'intéresser à LinkedIn est sans doute le plus révélatrice et importante : la transformation de LinkedIn vers la diffusion d'information sur des sujets professionnels. Cela génère de nombreuses analyses ou avis négatifs, mais l'objectif ici reste simplement de comprendre les nouvelles règles.

En utilisant bien le réseau, je génère un flux régulier de contacts qui me sollicitent. LinkedIn est tout à fait accessible avec une méthodologie efficace et une bonne compréhension des codes (je vous parlerai notamment de visibilité organique, c'est-à-dire sans publicité). Car avec plus de 756 millions de comptes dans le monde, LinkedIn est à la base un réseau social pour les professionnels. Mais pas que... Il faut créer régulièrement du contenu pour mettre en valeur son expertise et se faire connaître. Même si vous n'avez rien à vendre, vous devez prendre l'habitude de vous exprimer. Vous serez alors mis en avant par l'algorithme.

Dans les quatre dossiers de ce livre, vous trouverez une présentation de l'écosystème de LinkedIn. Je mettrai notamment un point d'honneur à vous expliquer comment utiliser ce réseau social pour mettre toutes les chances de votre côté et atteindre vos objectifs. Je vous expliquerai alors la méthodologie que j'applique depuis mes débuts sur la plateforme. Vous trouverez dès lors tout au long de ce livre des outils et des méthodes, et la possibilité de les mettre en pratique avec des plans d'action. Je vous invite vivement à prendre des notes tout le long de votre lecture et à bien suivre les différents enseignements. Enfin, n'hésitez pas à entrer en relation avec moi sur LinkedIn pour commencer votre nouvelle exploration et me poser des questions complémentaires : *linkedin.com/in/julienpibourret/*

**Même si vous n'avez rien à vendre, prenez l'habitude de vous exprimer sur LinkedIn !**

# TÉMOIGNAGE

## Créez du lien avec votre communauté

*Par Frédéric Dosquet, professeur ESC Pau BS, auteur de 20 livres.*

Professeur au sein d'une école de commerce créée en 1969, nous avons plusieurs milliers d'anciens diplômés à travers le monde. LinkedIn m'est alors apparu comme étant une solution accessible et en permanence réactualisée pour créer du lien avec notre communauté.

LinkedIn est une solution sans contrainte, sans engagement. Ainsi, en fonction de mes disponibilités, j'essaye de me connecter régulièrement afin de suivre les évolutions de chacun de nos alumni. En vérité, ça ne me rajeunit pas, mais ça me permet de les féliciter pour des promotions par exemple ou encore de les mettre en relation avec des professionnels qui seraient intéressants pour leur carrière ou le développement de leur business. Car LinkedIn permet vraiment de bien travailler son e-réputation et son *personal branding*. Contrairement à d'autres réseaux sociaux, LinkedIn assoit son positionnement sur l'information et sur la data professionnelles, ce qui permet à ses utilisateurs d'aller à l'essentiel, bref de rester dans un environnement professionnel.

J'ai maintenant le réflexe de consacrer dans chacun de mes cours, une dizaine de minutes à vanter tout l'intérêt que je porte à ce réseau social. J'insiste pour que mes étudiants aient un compte et « markètent » leur profil, tout en animant leur communauté avec des informations professionnelles qui les valorisent : alternance, stages, rencontres, lectures, bénévolat et réalisations de missions citoyennes... Le moteur de recherche me semble globalement de bonne qualité. Il facilite l'identification des membres d'une communauté géographique ou encore sectorielle et, bien évidemment, les prises de contact. En un clic, le lien avec l'utilisateur ciblé peut se faire. Les échanges peuvent dès lors se faire instantanément. C'est très efficace et sans perte de temps, sans user d'énergie.

LinkedIn me semble également un excellent moyen de créer du trafic par rapport à la création d'évènements susceptibles d'intéresser sa communauté. À titre d'exemple, avec la révolution du digital, accélérée par la Covid-19, nous avons institué au sein de mon école des webinaires thématiques autour des parcours d'anciens diplômés. L'idée est de nouer des contacts avec nos étudiants actuels afin qu'ils puissent se projeter dans différents métiers et trajectoires de vie. Nous avons ainsi eu le bonheur de partager une rencontre avec un de mes anciens étudiants qui vit à Dubaï depuis plusieurs années, une étudiante à Dublin, ou encore une autre à Montréal, un autre qui a fait sa carrière dans le domaine du luxe... Ces rendez-vous sont maintenant quasiment mensuels.

La transmission des connaissances et des contacts à nos jeunes ne me laisse pas insensible. Surtout lors de cette période de confinement, où nos étudiants ont suivi partiellement ou en totalité les cours en distanciel, ce qui n'a pas toujours été une situation facile pour nous tous. Dans l'esprit de « ne prendre que le meilleur », on peut dire que la parfaite maîtrise de nos étudiants des outils digitaux a du bon... Ils nous permettent de maintenir nos liens et en ce sens, les webinaires y participent.

Je peux donc dire que grâce à LinkedIn, une part de mes prérogatives et de mes missions est réalisable, en totale liberté et maîtrise, et bien sûr à faibles coûts. En fait, le seul investissement reste le temps que l'on peut y consacrer.

DOSSIER 1

# DÉCOUVREZ LES FONCTIONNALITÉS IMPORTANTES DE LINKEDIN

On dit souvent qu'il y a un monde entre utilisation personnelle et professionnelle des réseaux sociaux. C'est une réalité que je constate régulièrement et LinkedIn ne déroge pas à la règle ! De fait, pour commencer cette nouvelle exploration, il convient de bien connaître les fonctionnalités importantes au quotidien du premier réseau social professionnel selon une classification par usage et objectif.

## PRENEZ LA PAROLE

Sur LinkedIn, il est possible de s'exprimer *via* des publications depuis un profil personnel ou depuis une page « Entreprise ». L'interface de la plateforme reste identique sur ces deux aspects : la différence se trouve dans la manière de s'exprimer, en fonction du public cible (des « relations » pour le premier, des « abonnés » pour le second).

## COLLABOREZ, ÉCHANGEZ

De nombreux groupes d'échange sur une multitude de sujets, thématiques, existent sur LinkedIn. Tout utilisateur peut en créer un sans distinction. Cela peut aussi être des évènements. Ces deux types d'action permettent d'identifier des listes de membres et de participants avec lesquels collaborer en fonction de ses besoins/objectifs.

## TROUVEZ DE L'INFORMATION

LinkedIn tend à devenir de plus en plus un réseau de partage et de diffusion de l'information, soit la possibilité de s'informer sur plusieurs sujets en relation avec ses activités professionnelles à sauvegarder précieusement. Il existe pour cela plusieurs fonctionnalités sur la plateforme : LinkedIn Actualités, « Mes éléments », les *hashtags*... Il est donc possible de réaliser une veille quotidienne sur le réseau.

## RECHERCHEZ DE NOUVELLES RELATIONS PROFESSIONNELLES... OU NON !

Même si la rubrique « Emplois » est très connue, elle ne constitue pas l'unique possibilité de recherche de LinkedIn. En effet, la plateforme est un réel espace d'échange et de partage pour construire son cercle d'influence : chaque nouvelle relation peut représenter une opportunité pour vous. Les filtres LinkedIn seront ainsi très intéressants pour identifier les participants à un évènement par exemple, trouver des recruteurs, partenaires, experts de son domaine, etc. Alors, choisissez dès maintenant votre usage, qu'il soit personnel ou professionnel, pour vous emparer de LinkedIn.

## LES OUTILS


| | | |
|---|---|---|
| **1** | **Le profil personnel** | 18 |
| **2** | **La page « Entreprise »** | 20 |
| **3** | **Le groupe LinkedIn** | 24 |
| **4** | **Les versions premium (payantes)** | 26 |
| **5** | **LinkedIn Actualités** | 28 |
| **6** | **Les évènements** | 30 |
| **7** | **La place des *hashtags*** | 32 |
| **8** | **La barre de recherche et les autres filtres** | 34 |
| **9** | **La rubrique « Emplois »** | 36 |
| **10** | **La rubrique « Mes éléments »** | 38 |
| **11** | **Le profil public et l'URL** | 40 |

OUTIL 1

# Le profil personnel

## ? POURQUOI L'UTILISER ?

La création d'un profil personnel est indispensable pour communiquer sur LinkedIn. Il servira de vitrine pour mettre en ligne toutes les informations nécessaires à destination des autres utilisateurs, et mettre à jour vos compétences, vos formations, vos expériences, etc. Il est le lieu spécifique pour montrer vos savoir-faire.

Un bon profil est donc la première clé pour développer un réseau fort grâce à vos relations. Et sur LinkedIn, il existe trois niveaux de relations.

1. Le 1er cercle implique les personnes que vous connaissez. Ce sont vos relations directes (amis, collègues, famille...). Ce 1er cercle est limité à 30 000 relations pour le moment.
2. Le 2e cercle représente les personnes que vous ne connaissez pas directement. En revanche, une relation de votre 1er cercle peut vous mettre en relation avec une personne de ce 2e cercle, car il fait partie de son réseau.
3. Le 3e cercle et + concerne les personnes que votre 1er cercle et votre 2e cercle ne connaissent pas.

Par ailleurs, vous pouvez aussi entrer en relation avec des entreprises, des personnalités de votre industrie, des groupes et des évènements.

Votre profil vous servira donc à communiquer auprès de votre réseau et à montrer votre expertise. C'est le cas notamment en publiant des contenus sous différents formats (vidéos, textes, photos, etc.), car il faut noter que LinkedIn tend de plus en plus à devenir un réseau de diffusion de l'information. De plus, être présent sur LinkedIn vous donnera accès à la création de pages « Entreprise » et à la publicité pour augmenter votre visibilité.

## COMMENT L'UTILISER ?

1. Avant de créer votre compte, **réfléchissez à vos objectifs personnels et professionnels**, et à ce que vous venez chercher sur LinkedIn : trouver un emploi, des clients, développer l'image de votre entreprise, mettre en avant les ambassadeurs de votre entreprise...
2. **Créez un compte** depuis votre ordinateur. Il vous sera demandé de choisir un nom de profil (votre prénom et nom de famille) en associant une adresse e-mail ou un numéro de téléphone.
3. **Téléchargez l'application mobile** pour bénéficier de la meilleure expérience au niveau de l'interface et pour vérifier le rendu de votre profil. Je vous conseille d'ailleurs de vérifier régulièrement les affichages sur votre mobile et sur votre ordinateur, car l'utilisation depuis le mobile ne cesse d'augmenter, comme pour les autres réseaux sociaux.
4. Une fois créé, **complétez votre profil** en ajoutant vos expériences professionnelles et vos formations. Le profil est public, c'est-à-dire visible de tous.
5. Dès le début, **ajoutez des relations régulièrement** pour augmenter votre confiance en vous.
6. Enfin, **commencez à publier** un peu de contenu depuis votre profil. Cette étape n'est pas la plus facile, mais donnera envie à d'autres professionnels de se connecter avec vous, en ayant compris vos compétences professionnelles.

### Pour aller plus loin...

- **Le blog informatif de LinkedIn :** *blog.linkedin.com*

OUTIL 2

# La page « Entreprise »

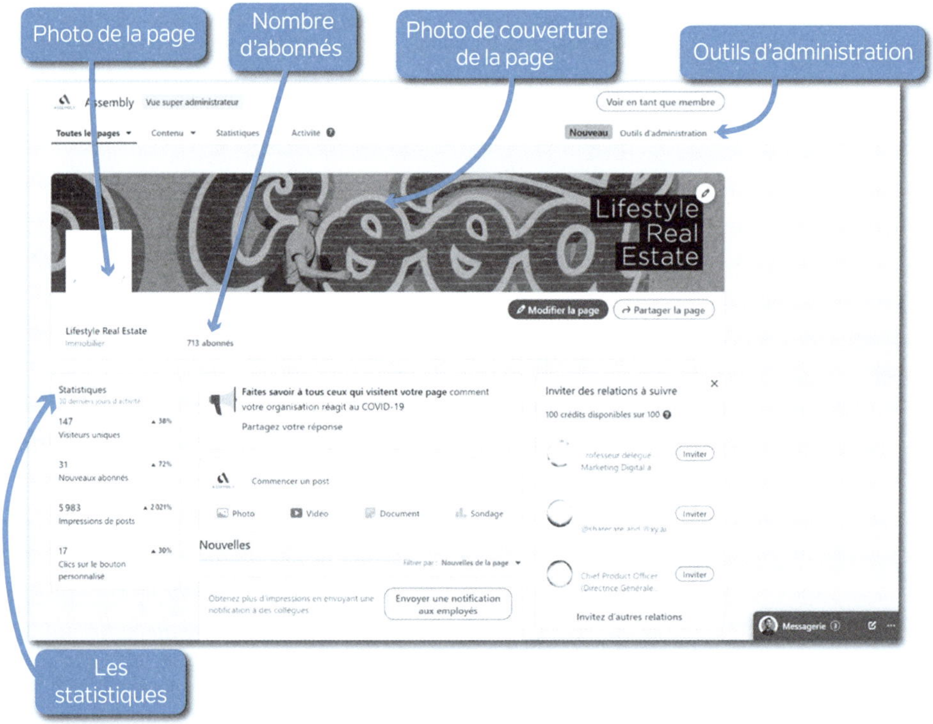

## ? POURQUOI L'UTILISER ?

La création d'une page « Entreprise » est un moyen de communication pour les entreprises, les associations, etc., sur LinkedIn. Mais l'administration se fera toujours depuis un profil personnel, condition indispensable pour bénéficier de cette fonctionnalité.

La diffusion d'information permet d'augmenter son audience, appelée « abonnés » comme sur les autres réseaux sociaux, pour laquelle il n'y a pas de limitation (contrairement au nombre de contact dans votre 1er cercle). Ainsi, trois points forts sont à noter si vous décidez d'inclure une page « Entreprise » à votre stratégie de communication.

1. Tout d'abord, c'est un accès à des statistiques spécifiques telles que les vues de la page, les visiteurs uniques et les clics. Il existe même un historique si vous souhaitez établir des reportings (rapports d'activité de votre entreprise) et vous avez la possibilité d'en faire un export pour détenir ces informations en dehors de la plateforme.
2. Le deuxième point fort est l'accès à la publicité LinkedIn pour amplifier la visibilité de vos contenus, publicités disponibles en plusieurs formats. De plus, il est à noter que LinkedIn propose des ciblages très intéressants pour atteindre votre public en un temps record, comme Campaign Manager qui vous permet de vérifier les CPC (coûts par clic) avant de vous lancer.
3. Enfin, dans une démarche stratégique, LinkedIn donne accès à des informations très pertinentes sur vos nouveaux abonnés. Vous pouvez par exemple connaître leurs noms, prénoms et les liens vers leurs profils personnels.

La page « Entreprise » doit être animée pour gagner en visibilité.

## COMMENT L'UTILISER ?

1. **Mettez en place un calendrier de publication collaboratif**. Vous pouvez utiliser un outil gratuit qui fonctionne très bien : Airtable.
2. **Relayez, si vous le souhaitez, l'activité de votre entreprise**. Insistons à ce stade sur un point nécessaire : si vous reprenez par exemple les dernières informations de votre site Internet, prenez le temps de transformer et d'adapter les contenus avant la publication. C'est un peu plus long, mais chaque réseau social dispose de ses codes et de ses usages.
3. **Recrutez des ambassadeurs pour votre page**. Je parle bien évidemment des salariés en priorité. Sur LinkedIn comme ailleurs, la concurrence est forte et faire émerger vos messages n'est pas toujours évident. Je vous conseille d'identifier un petit groupe de 5 à 6 personnes qui seront au courant de vos publications par e-mails par exemple. Elles pourront alors relayer vos informations auprès de leurs réseaux professionnels. De cette manière, vous augmentez la portée collaborative.
4. **Gérez ce nouveau canal de communication en équipe**. En tant qu'administrateur, vous pouvez sélectionner d'autres profils pour vous accompagner au quotidien. Il est à noter que sur LinkedIn vous ne disposez pas de plusieurs niveaux d'administration comme sur Facebook pour l'instant, mais tous les outils pour gérer une page sont disponibles dans la rubrique « Outils d'administration ».

### Pour aller plus loin...

- **L'outil Airtable est efficace pour mettre en place un calendrier de publication :** ***airtable.com***

# PLAN D'ACTION 1

## Gagnez en visibilité

### 1. ENVOYEZ UNE NOTIFICATION AUX EMPLOYÉS DEPUIS VOTRE PAGE « ENTREPRISE »

Si vous êtes administrateur d'une page « Entreprise », votre premier objectif sera d'augmenter votre visibilité. Pour favoriser cela et prévenir vos ambassadeurs (salariés présents sur le réseau social), LinkedIn a mis en place une fonctionnalité particulière que vous pouvez répéter dans le temps.

Sur chacune de vos publications, vous avez un bouton « Envoyer une notification aux employés » se trouvant en haut à droite. En cliquant dessus, vous pouvez prévenir certains de vos employés d'une nouvelle publication. Dans la pratique, ces personnes recevront une notification concernant la publication récente sur la page « Entreprise ». Attention cependant, vous êtes limités concernant le nombre d'envois possibles toutes les 24 heures, mais cette option est une bonne alternative pour engager vos ambassadeurs sur vos contenus.

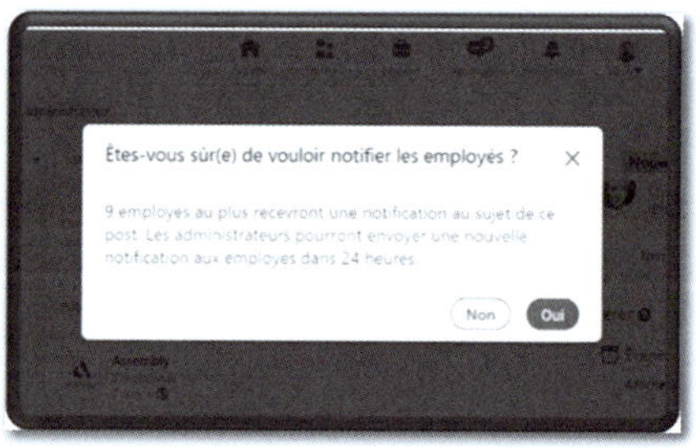

## 2. INVITEZ DES RELATIONS À SUIVRE VOTRE PAGE « ENTREPRISE »

LinkedIn vous offre aussi la possibilité d'inviter des relations à suivre votre page « Entreprise » pour augmenter votre audience, c'est-à-dire le nombre de vos abonnés.

Pour cela, vous disposez de crédits disponibles au nombre de 100 par administrateur : 1 invitation envoyée = 1 crédit utilisé. Ce système de crédits est géré directement par LinkedIn et il n'est pas possible d'en acheter ou d'en transférer sur une autre page que vous administrez.

Néanmoins, il existe deux moyens pour en récupérer :

- une relation accepte votre invitation ;
- de nouveaux crédits vous sont crédités tous les mois.

Il s'agit d'une alternative avantageuse surtout lorsqu'on débute. Faites tout de même attention à ne pas trop spammer votre réseau. Si votre seule action sur LinkedIn est de demander des choses à vos relations, cela ne sera pas qualitatif sur la durée.

Enfin, dans l'onglet « Réseau » de LinkedIn depuis votre profil personnel, vous pouvez également gérer en direct les invitations envoyées pour suivre votre page « Entreprise ».

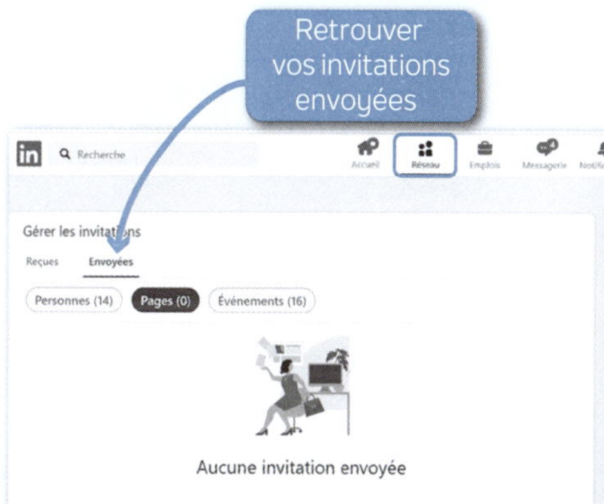

OUTIL 3

# Le groupe LinkedIn

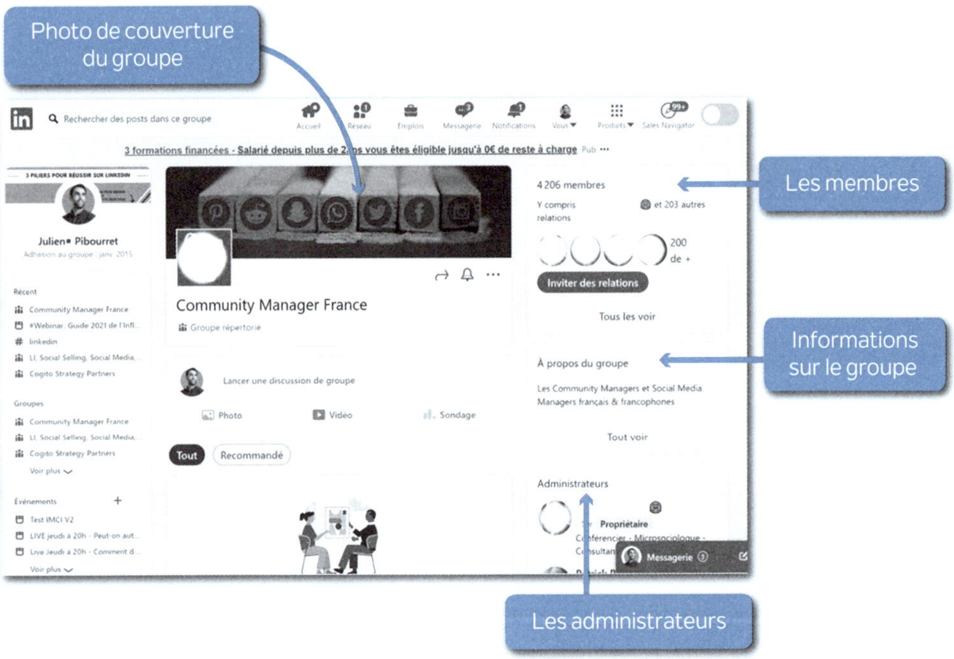

## ? POURQUOI L'UTILISER ?

LinkedIn agit comme un véritable réseau social. Il est donc logique de retrouver la fonctionnalité pour créer des groupes.

Vous pouvez utiliser les groupes pour plusieurs raisons, mais il en existe deux importantes à relever.

1. La première est de pouvoir se rassembler par affinité professionnelle en utilisant les recherches LinkedIn.
2. La seconde est de pouvoir échanger des informations et collaborer. Un groupe permet d'identifier les experts, les influenceurs importants de vos sujets de prédilection. De plus, l'information restera disponible plus longtemps et vous serez ainsi au meilleur endroit pour effectuer une veille.

En complément, le groupe peut aussi servir à relayer vos messages si vous publiez du contenu sur un blog par exemple. Mais attention ! Évitez la promotion et avant tout respectez bien les règles du groupe. Les administrateurs sont très vigilants sur cet aspect, car il en va de la réputation du groupe.

Je vous invite donc dès à présent à lister des groupes pertinents et de qualité. Au début de ma reconversion professionnelle vers les métiers du *social media* en 2015, j'ai moi-même beaucoup exploité les groupes LinkedIn pour m'imprégner au maximum et pour développer ma curiosité.

## COMMENT L'UTILISER ?

Pour rejoindre un groupe, rien de plus simple.

1. **Cliquez sur l'onglet « Produits »** en haut à droite depuis l'onglet « Accueil » du réseau.
2. **Cliquez sur l'onglet « Découvrir » pour trouver un groupe** et faire votre demande d'adhésion auprès des administrateurs.
3. **Retournez dans l'onglet « Produits »** de LinkedIn pour voir apparaître votre groupe dans la colonne de gauche. Il s'affiche alors dans l'onglet « Groupes ».
4. Une fois intégré à un groupe, vous accédez à la liste des membres. Vous pouvez alors **les demander en relation**. Vous pouvez également **à tout moment quitter un groupe**.

Si vous êtes administrateur d'un groupe, j'attire votre attention sur les différentes possibilités de gestion concernant la visibilité et les autorisations des membres.

- Il existe des groupes diffusés et des groupes non répertoriés :
  - *les groupes diffusés* : le groupe apparaît dans les résultats de recherche et est visible des autres utilisateurs sur les profils des membres ;
  - *les groupes non répertoriés* : le groupe n'apparaît pas dans les résultats de recherche pour les personnes en dehors du groupe et n'est pas visible des autres sur les profils des membres.
- Il est possible de donner des autorisations spécifiques dans le fonctionnement du groupe : c'est le cas en autorisant les membres à inviter leurs relations de 1er niveau seulement.
- Il est aussi possible d'exiger l'évaluation des nouveaux *posts* par les administrateurs. Cela permet d'avoir un premier filtre.

Vous pouvez donc profiter des groupes LinkedIn comme une source d'information qualitative et comme un canal supplémentaire pour à votre tour diffuser et relayer des contenus.

### Pour aller plus loin…

- Tout ce qu'il faut savoir sur les groupes LinkedIn : *bit.ly/3p8j0xz*

OUTIL 4

# Les versions premium (payantes)

## ? POURQUOI L'UTILISER ?

Dans son environnement, LinkedIn permet d'accéder à de nombreuses fonctionnalités, la plupart du temps de manière gratuite, ce qui est plutôt remarquable pour le premier réseau professionnel. Cependant, il existe des services plus spécifiques : les comptes premiums, c'est-à-dire payants. D'ailleurs, pour reconnaître un utilisateur premium, il suffit de voir à la suite de son prénom et nom de famille le petit logo LinkedIn doré.

Il existe cinq comptes premium répartis en deux grandes familles : une pour la carrière, et une pour la vente et le marketing. Voici la liste en détail.

1. *Talents solutions* : trouvez, attirez, recrutez les meilleurs talents.
2. *Sales solutions* : multipliez les opportunités commerciales.
3. Publiez une offre d'emploi gratuitement.
4. *Marketing solutions* : trouvez de nouveaux clients et développez votre activité professionnelle.
5. *Learning talents* : formez-vous sur LinkedIn. Cette rubrique est de plus en plus mise en avant pour répondre aux demandes des utilisateurs concernant le développement des compétences professionnelles et la formation.

## COMMENT L'UTILISER ?

Il n'y a pas de règle concernant l'utilisation d'un compte premium car tout dépend de vos objectifs. Il me paraît tout de même préférable de rappeler quelques avantages.

- Il est possible de saisir toutes les opportunités de LinkedIn sans prendre une version payante. J'en ai fait l'expérience au début.
- Maintenant, je possède une version payante pour deux raisons : la visibilité des vues de profils en intégralité et l'outil de prospection Sales Navigator. Cet outil permet de **rechercher des prospects qualifiés selon plusieurs critères** (mots-clés, entreprise, groupe, fonction, activité sur LinkedIn, etc.). Vous pouvez les enregistrer dans votre liste de prospects et ajouter des notes pour chaque profil.
- Un compte premium permet **d'accéder à des résultats et des recherches illimitées**. Dans ce cas, c'est un avantage stratégique important (voir dossier 4).
- La version payante de LinkedIn **peut être testée pendant 30 jours**, ce qui laisse une marge importante pour comprendre et décider de son intérêt.
- Il est possible **d'accéder aux profils personnels des recruteurs** depuis certaines offres d'emploi, et à des informations complémentaires sur les compétences et missions demandées.

Les métiers qui ont le plus recours aux profils premiums sont, sans surprise, les commerciaux et les recruteurs.

**Pour aller plus loin…**

- **Découvrez les versions premium :** ***business.linkedin.com***

# OUTIL 5

# LinkedIn Actualités

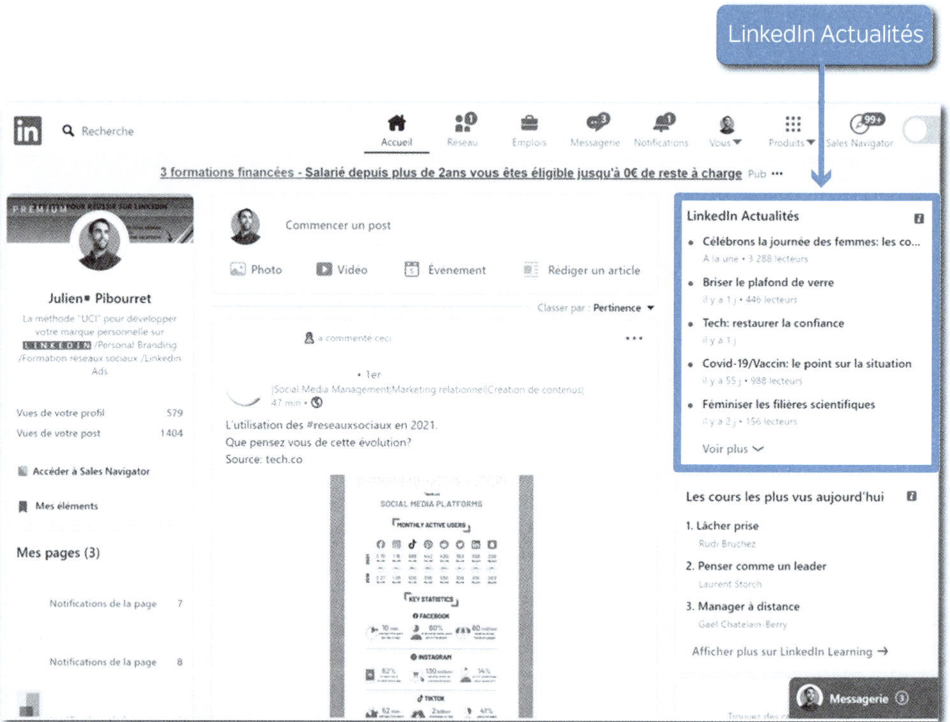

## ? POURQUOI L'UTILISER ?

Quand j'accompagne des personnes à prendre en main LinkedIn, il est naturel de m'intéresser à leurs usages. Et à la question « *Pourquoi utilisez-vous LinkedIn ?* », une réponse revient régulièrement : « *Pour faire de la veille et me tenir au courant des sujets sur mon secteur d'activité* ».

LinkedIn Actualités est alors l'outil idéal car regroupant un panel d'articles concernant des sujets divers. Pour cela, le réseau social fait appel à des journalistes dont vous pouvez connaître le nom en cliquant directement sur le lien vers l'article. En général, ils effectuent un travail important pour identifier les contributions des autres utilisateurs, des créateurs, directement sur la plateforme pour proposer un condensé des éléments les plus représentatifs du sujet. Néanmoins, vous êtes sur un réseau social qui évolue régulièrement. En conséquence, c'est aussi le cas de cette rubrique particulière.

Enfin, cet outil sert aussi à identifier les experts de vos sujets. De cette manière, vous pouvez distinguer le classement LinkedIn Top Voices France. Cette liste se base sur l'audience de la personne (nombre de relations et abonnés), la capacité à produire du contenu pertinent et la qualité des engagements sur les publications (*likes*, commentaires, partages, clics). Dans l'édition 2020, on peut retrouver des politiques comme Anne Hidalgo (maire de Paris), des coachs en transition professionnelle comme Cécile Banon, des cardiologues comme Claire Mounier-Vehier (CHU de Lille) ou l'humoriste Karim Duval.

## COMMENT L'UTILISER ?

Dans la pratique, il est nécessaire de manipuler LinkedIn Actualités de deux façons.

1. **Insérez-vous dans des conversations**. J'explique souvent que la première façon d'émerger est d'avoir une posture sociale. Vous pouvez identifier des sujets pertinents et des personnes référentes. Faites cette action sur des messages viraux en apportant des compléments et des analyses.
2. **Incluez LinkedIn Actualités dans votre veille quotidienne**. L'information va très vite sur Internet, ne loupez aucun sujet qualitatif et professionnel vous intéressant ! De plus, si la veille est importante pour vous, fixez-vous une routine. Par exemple, deux fois par semaine, consultez la rubrique LinkedIn Actualités, enregistrez les résultats pertinents dans un document source en copiant le lien vers l'article LinkedIn, ou en cliquant sur les « ... » en haut de la publication et sur « Enregistrer » pour les consulter ultérieurement.

### Pour aller plus loin...

- Classement LinkedIn Top Voices France 2019 : *bit.ly/3fBpZfg*
- Classement LinkedIn Top Voices France 2020 : *bit.ly/2SKzSyn*
- Les 10 Top Voices à suivre pour trouver un emploi : *bit.ly/3yWu59h*

OUTIL 6

# Les évènements

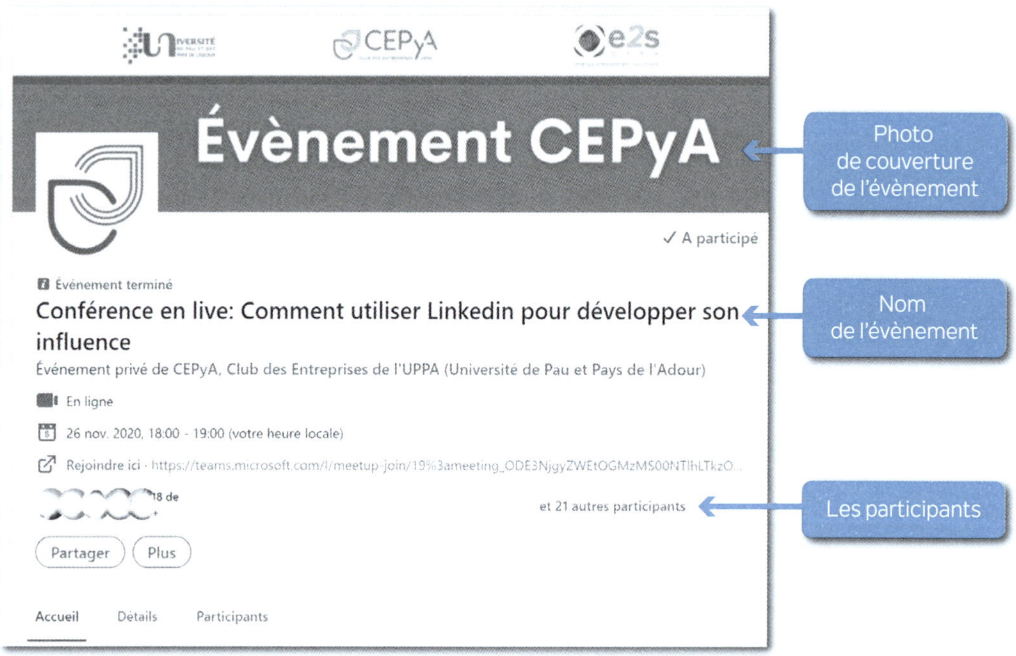

## ? POURQUOI L'UTILISER ?

L'organisation d'un évènement est possible depuis un profil personnel et une page « Entreprise ». C'est un autre outil mis à votre disposition pour interagir de manière différente avec votre communauté sur LinkedIn (votre réseau). Tout comme il existe des sites tels que MeetUp pour rencontrer des personnes par affinités professionnelles, le fonctionnement sera ici identique. Vous pouvez organiser des évènements sur LinkedIn pour mettre en place un évènement en présentiel ou en distanciel. Je recommande notamment d'intégrer les évènements dans votre stratégie LinkedIn pour plusieurs raisons.

- *Pour développer votre réseau de manière qualitative.* Comme les évènements sont spécifiques, vous rencontrerez directement des relations intéressantes sur le plan professionnel. De plus, vous aurez un point commun avec ces professionnels : vous vous intéressez aux mêmes sujets. Et il est fondamental d'identifier le maximum de points communs pour ajouter des contacts à son réseau.
- *Pour prendre la parole en apportant des contenus plus enrichis.* De mon côté, je me suis par exemple servi de cet outil pour organiser des webinaires. LinkedIn les met alors en avant et vous en suggère. De plus, si vous le souhaitez, LinkedIn vous propose d'insérer un rappel dans votre calendrier.

## COMMENT L'UTILISER ?

Pour participer à un évènement :

1. **Recherchez des évènements depuis la barre de recherche** en haut à gauche de votre profil.
2. **Sélectionnez le filtre « Évènements »** pour consulter la liste complète. C'est une bonne base pour identifier les sujets pertinents et les parties prenantes.
3. **Inscrivez-vous à un évènement**. Une fois inscrit, vous pourrez accéder à la liste de tous les participants, même si vous n'êtes pas en relation. C'est incroyable comme éventualité pour développer son réseau ! Voici un exemple de message à envoyer pour se connecter à un participant : *« Bonjour Monsieur/Madame... Comme vous, je participe à [nom de l'évènement] depuis LinkedIn. J'ai donc pensé qu'il serait intéressant de nous connecter. Au plaisir d'échanger ensemble. »*

Pour créer un évènement :

1. Depuis l'accueil LinkedIn, **recherchez l'onglet « Évènement » sur votre droite.** Cliquez sur le « + » pour créer le vôtre.
2. **Renseignez tous les éléments nécessaires.** La description, la date, l'heure, les intervenants. L'évènement peut être public ou privé. LinkedIn permet aussi d'inclure un formulaire d'inscription.
3. **Cliquez sur le bouton « Créer »** pour rendre l'évènement visible.
4. **Invitez vos relations à participer** (vous pouvez le faire directement depuis l'évènement), soit un bon moyen de le rendre plus visible et d'activer votre réseau. Le plus important sera de solliciter votre réseau, mais pas tout le temps, sinon il se lassera.
5. ***Teasez* votre évènement** (un ou plusieurs extraits) depuis votre profil personnel. LinkedIn vous encourage à partager le lien de l'évènement : demandez à toute votre équipe de réaliser cette action pour gagner rapidement en visibilité.

### Pour aller plus loin...

- Le lien vers un évènement pour comprendre : *bit.ly/34y2EVw*

OUTIL 7

# La place des *hashtags*

## ? POURQUOI L'UTILISER ?

Les *hashtags* gagnent de l'importance sur LinkedIn pour les utilisateurs. Il faut néanmoins comprendre les enjeux de ces mots-clés.

Vous pouvez utiliser les *hashtags* pour deux raisons.

1. Pour suivre les meilleures tendances de LinkedIn. De plus en plus de personnes viennent sur LinkedIn pour faire de la veille *via* LinkedIn Actualités et les *hashtags* peuvent avoir la même fonction. Vous pouvez même avoir un tableau de bord récapitulant tous les mots-clés que vous suivez : cela permet de mieux isoler des contenus spécifiques ou des personnes influentes.
2. Du point de vue d'un créateur de contenu, les *hashtags* permettent d'augmenter la visibilité des publications en jouant notamment sur la durée de vie des contenus. En effet, comme les utilisateurs effectuent des recherches par *hashtags*, les publications peuvent gagner en visibilité et remonter plus facilement au niveau de l'algorithme. Mais attention, ce n'est pas une science exacte : si votre message n'est pas qualitatif, le *hashtag* ne sauvera pas votre *post*.

LinkedIn présente les *hashtags* sous des formes et des tailles variées. Il existe par exemple :

- *les hashtags de marque* : le nom d'une entreprise, un slogan, le nom d'un produit, d'un service. J'utilise souvent le *hashtag #LinkedIn*, *#PersonalBranding* et *#LinkedinOutsider* (mes interviews depuis ma chaîne YouTube) ;
- *les hashtags de communauté ou thématiques* : comme les *hashtags* de marque, ils connectent les utilisateurs intéressés par un même sujet. Mais à la différence des *hashtags* de marque, ils ne sont pas liés à une entreprise : ils toucheront donc potentiellement plus de personnes mais seront moins précis (ex. : *#marketing*, *#reseauxsociaux*, etc.).

Bien plus qu'une simple touche de style, les *hashtags* sont devenus l'une des principales fonctionnalités de la plateforme : un outil très efficace pour lancer des initiatives, retrouver du contenu et donner plus de portée à ses *posts*. Alors à vos *#hashtags* !

## COMMENT L'UTILISER ?

1. **Ajoutez directement un *hashtag* dans votre message** en mettant en évidence des mots-clés particuliers.
2. **Ou ajoutez un *hashtag* à la fin de votre *post*** en sautant au minimum une ligne. Ils seront alors en surbrillance bleue pour une plus grande lisibilité.

Voir Outil 5

**Pour aller plus loin...**

- « Les hashtags amènent-ils plus de visibilité ? » Pour le savoir : *bit.ly/3p7N8cr*

OUTIL 8

# La barre de recherche et les autres filtres

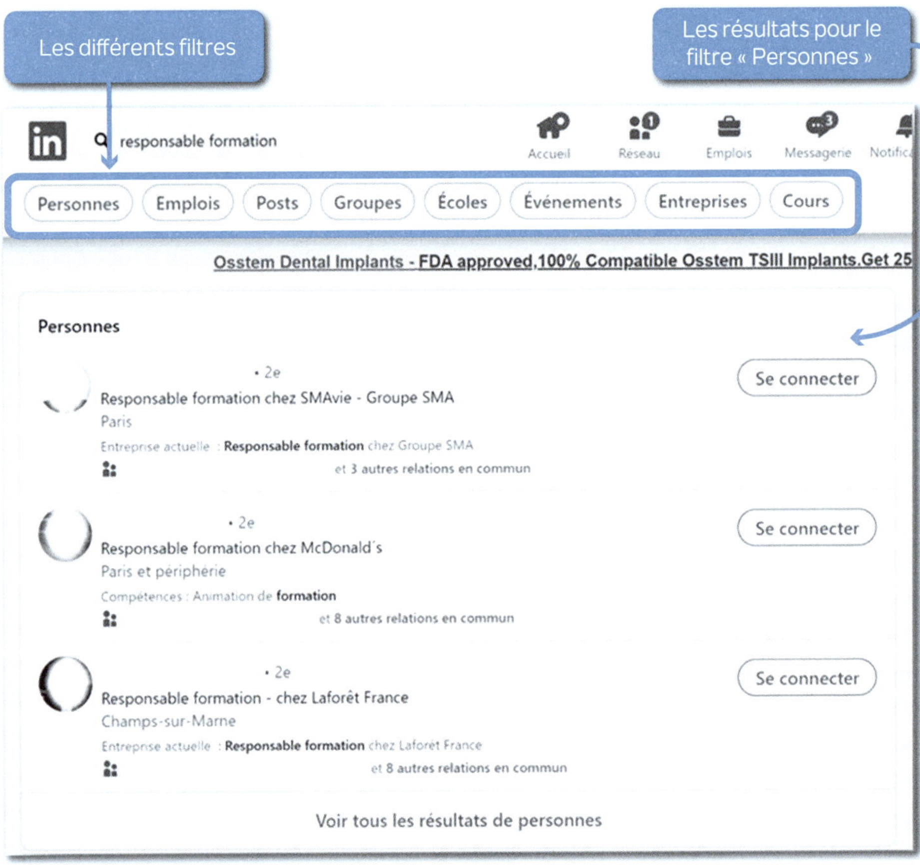

## ? POURQUOI L'UTILISER ?

Il est important de percevoir LinkedIn comme un véritable moteur de recherche intégré qui vous permettra de trouver plusieurs résultats.

Avec la barre de recherche du réseau social, vous pouvez préciser les résultats d'une recherche par mots-clés selon sept filtres :

- « Emploi »
- « Personnes »
- « Groupes »
- « Entreprises »
- « Écoles »
- « *Posts* »
- « Évènements »

Vous pouvez même en ajouter un huitième avec les résultats pour la rubrique formation de LinkedIn (LinkedIn Learning) avec le filtre « Cours ». Cela dépendra de votre recherche.
Ainsi, en cliquant par exemple sur « Entreprises », vous aurez en relation les pages « Entreprises » LinkedIn ; en cliquant sur « *Posts* », vous aurez une sélection des contenus publiés. Idem pour les autres catégories.

Enfin, LinkedIn conservera vos recherches précédentes pour gagner du temps à l'avenir. Vous comprenez donc mieux maintenant la qualification de « moteur de recherche ».

## COMMENT L'UTILISER ?

1. **Utilisez les filtres du moteur de recherche** pour découvrir d'autres profils personnels et augmenter votre nombre de relations.
2. **Découvrez des filtres avancés** non visibles auparavant. Il y en a notamment trois nouveaux à découvrir :

   - le filtre « Mes relations » ;
   - le filtre « Lieux » ;
   - le filtre « Entreprise actuelle ».

Ce n'est pas terminé puisque d'autres filtres sont disponibles en cliquant sur « Tous les filtres ».

L'utilisation des filtres lors d'une recherche sur LinkedIn est primordiale. Lorsqu'on me sollicite, je demande généralement à la personne comment elle est arrivée sur mon profil et c'est souvent après avoir effectué une recherche depuis la barre de recherche du réseau social. Ainsi, si vous ne m'avez pas encore ajouté en relation sur LinkedIn, faites le test suivant : effectuez une recherche avec le mot-clé « LinkedIn », « formation LinkedIn » ou « *personal branding* ». Il y a de forte chance pour que mon profil apparaisse dans les premiers résultats.

### Pour aller plus loin...

- **Notez les différents publics et leurs fonctions (poste de travail par exemple) que vous souhaitez rencontrer sur LinkedIn.**

OUTIL 9

# La rubrique « Emplois »

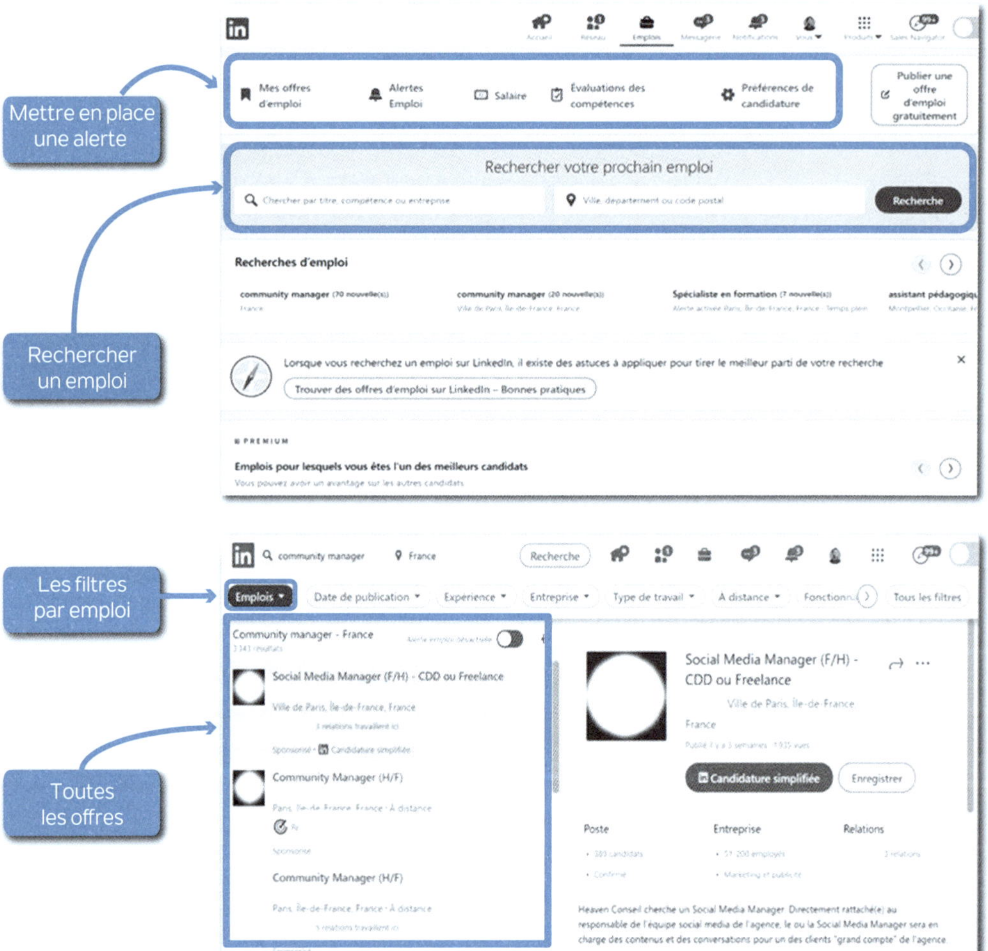

## ? POURQUOI L'UTILISER ?

S'il y a bien un élément incontournable sur LinkedIn, c'est la rubrique « Emplois » que tous les utilisateurs connaissent. Il s'agit de la rubrique où vous retrouvez toutes les offres d'emploi publiées par les entreprises.

Il existe différents filtres pour vous repérer : les deux premiers sont la recherche par compétence/métier et par zone géographique. À partir de là, vous pouvez affiner les résultats. Cet outil intégré vous servira également à identifier deux éléments précieux :
- les compétences stratégiques pour l'emploi en question. Quand je forme des *community manager* sur les réseaux sociaux, cette question de la légitimité revient souvent concernant les compétences. Vous pouvez désormais les vérifier directement en fonction de la description du recruteur ;
- les recruteurs. Je vous invite à converser avec eux pour en savoir plus. Cela demande de sortir de votre zone de confort, mais apporte des résultats.

Quant à la possibilité de publier une offre d'emploi sur LinkedIn pour les recruteurs, cela fait partie de la version payante (version premium) : la création ne sera pas forcément payante au départ pour vous encourager à publier l'offre, mais LinkedIn vous facturera ensuite des « bonus » comme le nombre de clics sur votre annonce.

Voir Outils 4 et 8

## COMMENT L'UTILISER ?

1. **Effectuez une première recherche** avec les deux premiers filtres.
2. **Affinez votre recherche** avec d'autres filtres à votre disposition comme la date de publication, l'expérience demandée, l'entreprise, le type de travail, etc.
   Vous pourrez dès lors améliorer vos résultats de manière très précise.
3. **Explorez régulièrement cette rubrique** pour définir vos alertes emplois depuis LinkedIn. Vous recevrez alors régulièrement un récapitulatif par e-mail des offres susceptibles de vous intéresser.
4. **Utilisez la fonctionnalité « Candidature simplifiée »** à votre disposition. Vous pouvez ainsi postuler directement en un clic depuis votre profil personnel. C'est facile, donc tout candidat ayant un profil personnel sur LinkedIn le fait.

### Pour aller plus loin...

- Trois actions pour augmenter vos chances de réussite dans votre recherche d'emploi :
- trouvez les offres d'emploi vous correspondant ;
- identifiez quand c'est possible les recruteurs, les professionnels de l'entreprise ;
- proposez un premier échange en vous intéressant d'abord à la personne, à son métier.

OUTIL 10

# La rubrique « Mes éléments »

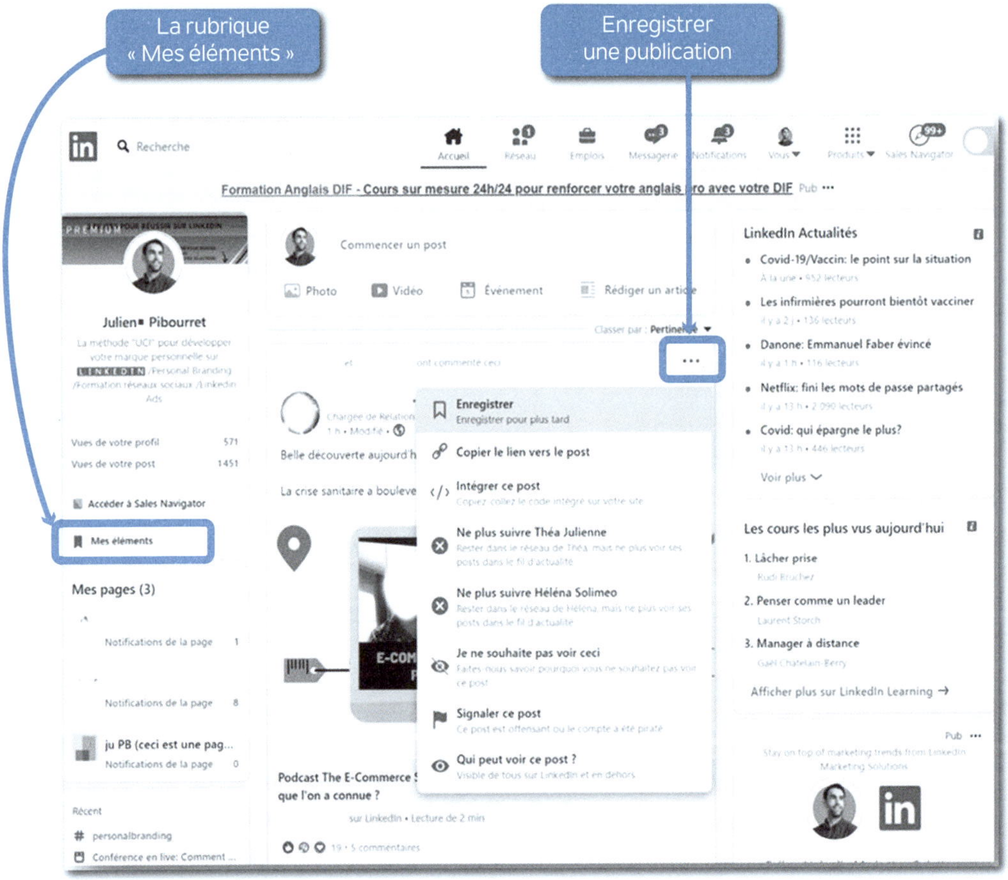

## ? POURQUOI L'UTILISER ?

Il vous est sans doute arrivé de voir des publications intéressantes sur LinkedIn, mais le temps vous manque pour les consulter. Si la réponse est oui, lisez bien la suite de mes explications.

Pour contrer ce phénomène et sauvegarder ces informations, un outil est mis à votre disposition : la rubrique « Mes éléments ». C'est comme un espace de stockage individuel pour retrouver vos contenus importants. Cela sert une fois de plus à réaliser votre veille sur le réseau social.

Cette rubrique se classe ainsi en trois catégories différentes.

1. Les offres d'emploi pour lesquelles vous avez postulé.
2. Vos apprentissages en cours concernant la formation (LinkedIn Learning).
3. Les autres éléments enregistrés, par exemple des publications d'autres profils personnels, des pages « Entreprise » de LinkedIn...

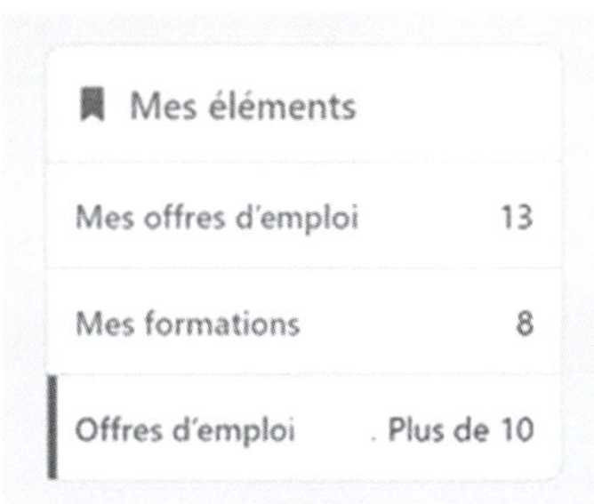


Voir Outil 9

## COMMENT L'UTILISER ?

Concrètement, tout va dépendre du temps que vous passerez sur la plateforme.

**Pour les offres d'emploi :**

1. Recherchez une offre d'emploi *via* la rubrique « Emplois » de LinkedIn et postulez en cliquant sur « Candidature simplifiée ».
2. Allez dans la rubrique « Mes éléments » : toutes vos candidatures apparaîtront.

**Pour LinkedIn Learning :**

1. Recherchez des formations et commencez-les.
2. Allez dans la rubrique « Mes éléments » et consultez toutes les formations que vous avez commencées. Elles sont indiquées avec la mention « en cours ».

**Pour les autres éléments enregistrés, notamment les publications :**

1. Sélectionnez des publications pertinentes autour de vos expériences.
2. Recommencez et explorez différents sujets.
3. Consultez et engagez-vous sur vos publications enregistrées (*likes*, commentaires) en apportant de la valeur.

### Pour aller plus loin...

- Enregistrez vos premiers éléments (*posts*, offres d'emploi) et développez votre curiosité.
- Fixez-vous un temps chaque semaine pour vous engager sur les publications enregistrées.
- Nettoyez cette rubrique en retirant les contenus déjà traités.

OUTIL 11

# Le profil public et l'URL

## ? POURQUOI L'UTILISER ?

Avant d'optimiser votre profil personnel, il est nécessaire de mettre en place quelques actions au préalable.

1. Vérifiez que votre profil est en visibilité publique. Ce sont les informations de votre profil affichées pour vos relations et surtout pour les personnes qui vont, je l'espère, vous découvrir (les autres cercles). Comme je le dis souvent, c'est votre première impression, votre e-réputation.
2. Modifiez votre URL personnalisée : de manière générale, LinkedIn affiche le lien de votre profil avec des caractères spéciaux à la fin (xtzni3457...).
3. Mettez à jour votre profil dès que possible.

Dans une dimension plus internationale, il est également possible de construire un profil en plusieurs langues. Notez bien que l'affichage de la langue du profil pour vous et pour les autres utilisateurs dépend des paramètres du profil concernant ce critère. De plus, LinkedIn ne traduira pas tout le profil à votre place mais effectuera simplement « une copie » ; c'est à vous de modifier les rubriques du français vers l'anglais par exemple. Cette manipulation est cependant uniquement valable pour toutes les sections de votre profil personnel mais pas pour vos publications. LinkedIn propose alors un outil intégré de traduction.

## COMMENT L'UTILISER ?

1. **Modifiez l'URL de votre profil** en vous rendant sur l'accueil de votre profil.
2. **Cliquez sur le bouton « Modifier le profil public et l'URL ».**

Si vous avez un homonyme, cela sera un peu plus difficile ; il faudra jouer sur les majuscules et les minuscules.

3. **Ajoutez un mot-clé stratégique à la fin de l'URL.** Si vous recherchez une opportunité pour faire le métier de commercial, incluez ce terme à la fin. Quelques exemples :
   - *linkedin.com/in/julienpibourret/Commercial*
   - *linkedin.com/in/julienpibourret/CommunityManager*
   - *linkedin.com/in/julienpibourret/acheteur*

   De cette manière, votre profil peut être découvert en dehors de LinkedIn grâce au référencement sur les moteurs de recherche (Google, Bing, etc.).
4. **Vérifiez attentivement que votre photo de profil est bien visible du grand public.** Il m'arrive constamment de voir que ce n'est pas le cas. L'argument qui revient souvent est que l'on préfère rendre son profil visible uniquement pour ces relations. Je peux l'entendre, mais le premier objectif de LinkedIn est que les utilisateurs puissent facilement vous identifier. La photo joue ce rôle de manière incontestable. Mettez toutes les chances de votre côté !

### Pour aller plus loin...

- Trouvez l'URL de votre profil public LinkedIn : *bit.ly/34BkiHV*

# PLAN D'ACTION 2

## Obtenez votre SSI LinkedIn

LinkedIn décrit le *Social Selling Index* comme un score de performance. C'est une première mesure concernant l'impact réel de votre profil personnel. Ce résultat s'obtient de manière gratuite et la répartition s'affiche sur 100.

### 1. OBTENEZ VOTRE *SOCIAL SELLING INDEX*

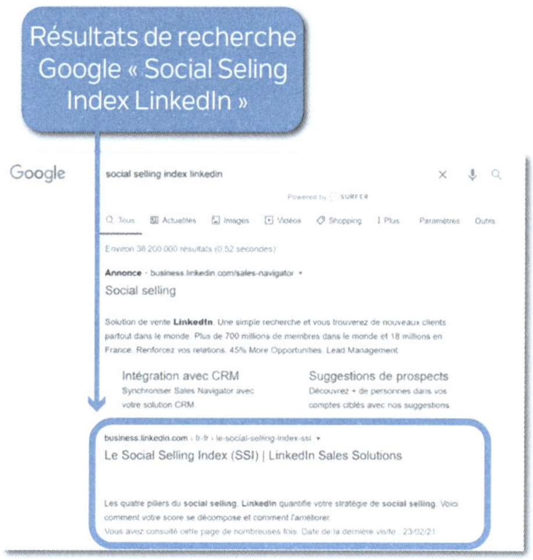


Dans un premier temps, soyez bien connecté sur LinkedIn. Ouvrez alors un nouvel onglet depuis votre navigateur Internet (Chrome, Firefox, etc.). Faites une recherche en tapant « *Social Selling Index LinkedIn* ».

Cliquez sur l'un des premiers résultats. Vérifiez bien que vous arriviez sur une page avec le bouton suivant : « Obtenez votre score gratuitement ».

Notez votre score dès que possible avec la date. Mettez-vous un rappel dans votre agenda un mois plus tard si vous avez mis en place des actions sur LinkedIn. Pourquoi ? Car cela vous permettra de le comparer avec cinq relations proches de vous. Le but n'est pas d'avoir le score le plus haut, mais simplement de comprendre les différences. Enfin, notez que ce score n'est pas public dans la mesure où vous devez être connecté à LinkedIn pour l'afficher.

## 2. COMMENT COMPRENDRE CES DIFFÉRENTS CHIFFRES ?

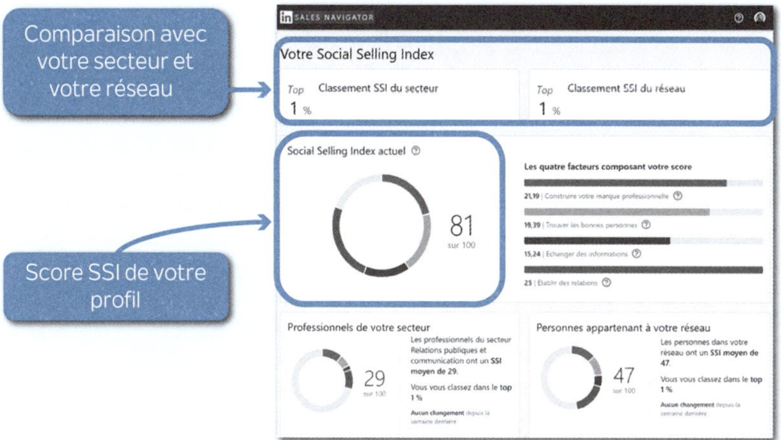


Le SSI n'est pas seulement une somme, mais une segmentation en 4 facteurs sur 25.

1. Le premier « Construire votre marque personnelle » est nécessaire pour compléter votre profil en pensant à vos clients et pour devenir un leader d'opinion en publiant du contenu.
2. Le second « Trouver les bonnes personnes » permet d'identifier les meilleures personnes, prospects, grâce à l'outil de recherche intégré du réseau social.
3. Le troisième « Échanger des informations » fait découvrir et partager des articles pertinents dans le but de créer de véritables relations.
4. Le quatrième « Établir des relations » permet de renforcer votre réseau en trouvant des décideurs et de gagner leur confiance.

L'ensemble de ces chiffres pourra évoluer à la hausse comme à la baisse. Tout dépendra de votre implication sur le réseau social professionnel. Si vous débutez sur LinkedIn, votre SSI évoluera rapidement à la hausse en complétant votre profil.

Cependant, n'oubliez pas que c'est LinkedIn qui vous donne ces explications : il est important de vous concentrer sur les indicateurs cohérents pour vous et de prendre un peu de recul dessus. Pour ma part, mon score personnel fluctue et je ne me focalise pas réellement sur son évolution dans le temps.

DOSSIER 2

# CONSTRUISEZ UN PROFIL PERSONNEL UNIQUE ET TROUVABLE

Pour aborder ce deuxième dossier, prenons mon cas personnel.
Je n'ai pas de site Internet et pourtant mon profil LinkedIn se positionne très bien, notamment sur le moteur de recherche Google. Pourquoi ? Car il existe une logique de référencement (positionnement sur les moteurs de recherche) sur LinkedIn, comme sur n'importe quel moteur de recherche « généraliste ». Et LinkedIn possède lui aussi des filtres dans son moteur de recherche interne : métiers, fonctions, événements...
Il est donc nécessaire de commencer par mettre à jour votre profil personnel, de l'optimiser ensuite, pour être trouvable en un « clic » sur le réseau, mais aussi sur la Toile.

## TRANSFORMEZ VOTRE PROFIL AVEC DES OUTILS INCONTOURNABLES

Considérez votre compte personnel comme la première pierre de votre e-réputation. Votre e-réputation est votre image sur tout le web : ne la négligez pas ! Pour cela, réfléchissez aux premières informations que vous souhaitez communiquer : jouez sur votre côté unique (qui peut s'avérer essentiel pour émerger de la concurrence).
Vous trouverez ainsi dans ce dossier deux catégories d'outils pour vous y aider :

- des outils pour rendre votre profil plus détectable, trouvable ;
- des outils pour capter l'attention des nouveaux visiteurs.

Effectuez ce travail avant toute chose sur LinkedIn ; il serait dommage de ne pas commencer votre exploration du réseau sans les meilleures opportunités en mains pour vous rendre visible !

## OPTIMISEZ VOTRE PROFIL EN TROIS ÉTAPES CLÉS

1. Le passage à l'action reste la priorité de ce livre. Prenez le temps d'assimiler les différentes étapes des outils à votre disposition selon les différents blocs.
2. Pour une efficacité maximale, il est recommandé de vérifier le rendu de votre profil depuis votre mobile en priorité. Pensez *responsive* est une des clés de la communication sur Internet.
3. Concentrez-vous sur les informations que vous pouvez modifier ou ajouter maintenant, et sur celles que vous pourrez faire ultérieurement.

> N'oubliez pas : un profil LinkedIn optimisé attirera toujours les bonnes personnes pour et vers vous.

## LES OUTILS


| | | |
|---|---|---|
| 12 | Unsplash | 46 |
| 13 | Canva | 48 |
| 14 | Remove BG | 50 |
| 15 | Cool Symbol | 52 |
| 16 | YayText | 54 |
| 17 | Shield Analytics | 56 |
| 18 | Resume Worded | 58 |

OUTIL 12

# Unsplash

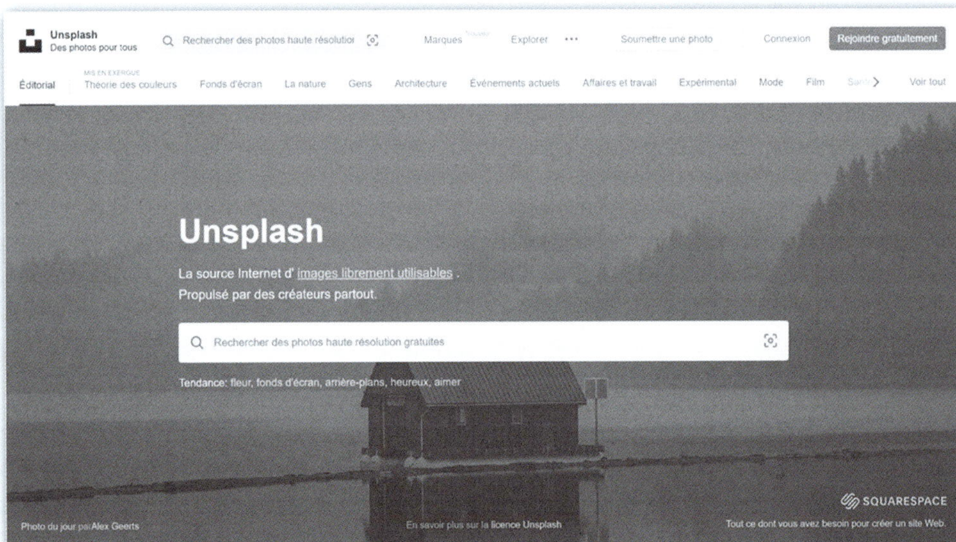

## ? POURQUOI L'UTILISER ?

De nombreux utilisateurs de LinkedIn ne sont pas en mesure de créer des photos graphiques en haute définition. Il est donc nécessaire de passer par des services professionnels en ligne.

Unsplash est de ce fait une bonne solution, car il est possible, à partir d'une simple recherche sur ordinateur ou smartphone, de disposer de photographies réalisées par des photographes expérimentés. Vous retrouvez le nom de chaque créateur en bas à gauche de la photo.

Cet outil en ligne me sert ainsi à créer ma bannière LinkedIn ou ma photo de couverture sur mon profil personnel. Il est envisageable de l'utiliser pour votre page « Entreprise » ou pour illustrer vos publications, vos *posts*.

## COMMENT L'UTILISER ?

Il n'est pas nécessaire de télécharger l'outil ou d'avoir un compte pour trouver la photo idéale.

1. **Rendez-vous sur le site *unsplash.com*** et accédez à la banque d'images gratuites.
2. **Lancez une recherche dans le moteur de recherche que propose Unsplash**. Comme le site web et l'application sont en anglais, je vous recommande d'effectuer vos recherches dans cette langue pour trouver les meilleurs résultats. Sinon, activez la traduction automatique depuis votre navigateur Internet (Google Chrome par exemple).
3. **Filtrez votre recherche si vous le souhaitez**. Le service vous propose des catégories spécifiques et différents filtres tels que :
   - l'affichage par orientation (paysage, portrait) ;
   - l'affichage par couleur ;
   - l'affichage par pertinence ;
   - l'affichage par date (les plus récentes en priorité).
4. **Téléchargez votre photo sélectionnée**. Vous pouvez alors en disposer librement. La photo sera de base au format HD (haute définition), mais d'autres formats sont à votre disposition pour baisser le poids de celle-ci.

À la fin de votre téléchargement, Unsplash vous encourage à créditer (mentionner) les créateurs. Libre à vous de le faire ou pas (bien que cela soit conseillé).

### Pour aller plus loin...

- Rendez-vous sur le blog d'Unsplash pour connaître l'histoire de cette communauté : *unsplash.com/blog/*

# OUTIL 13 Canva

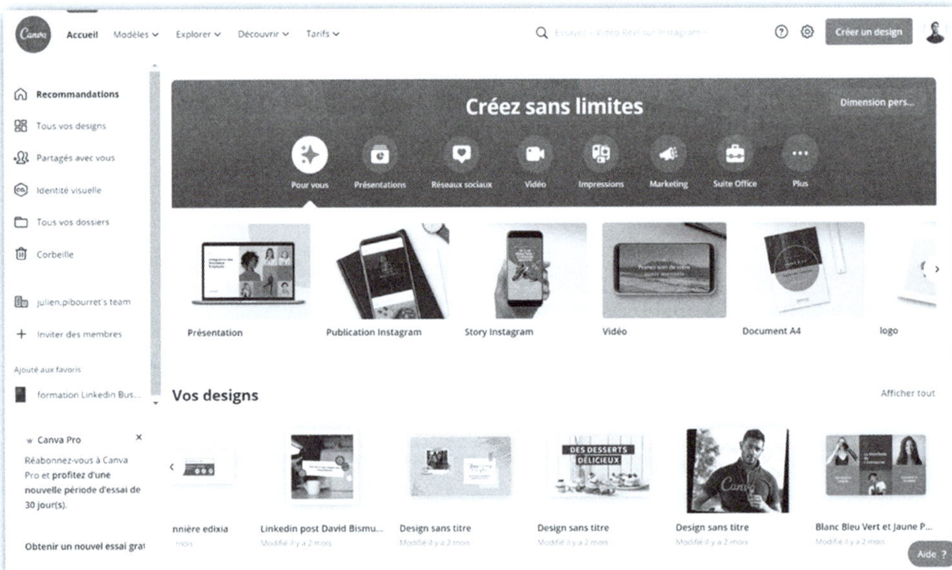

## ? POURQUOI L'UTILISER ?

Comme pour l'outil précédent, de nombreux utilisateurs ne sont pas en mesure de créer des visuels graphiques et de retoucher par l'intermédiaire d'outils professionnels tels que Photoshop, InDesign, etc. Il est donc nécessaire de passer par des services en ligne (site web, application) proposant des fonctionnalités simples d'accès avec des rendus plus sophistiqués.

Canva est ainsi une bonne solution car il est possible, à partir de votre smartphone ou de votre ordinateur, de disposer de visuels adaptés aux bonnes dimensions des réseaux, et de correspondre aux formats par défaut de LinkedIn qui sont :
- la bannière ou photo de couverture ;
- la publication ou *post* ;
- la *story* ;
- un contenu sponsorisé ;
- une annonce publicitaire en vidéo.

Vous pouvez décider d'utiliser les modèles de visuels préconçus par Canva pour les modifier ensuite, ou bien importer vos propres contenus, vos photos, et les ajuster selon votre convenance.

## COMMENT L'UTILISER ?

1. **Créez un compte depuis votre ordinateur sur *canva.com*** ou téléchargez l'application mobile.
2. **Choisissez un modèle**. Canva vous propose un moteur de recherche ainsi que des suggestions de visuels pour vos réseaux sociaux. Pour créer une publication LinkedIn, tapez dans le moteur de recherche « publication LinkedIn » et cliquez sur le résultat.
3. **Veillez à ce que les contenus que vous choisissez soient gratuits** sinon vous ne pourrez pas télécharger votre visuel sans vous acquitter d'au moins 1 euro ou plus. Les éléments payants sont reconnaissables à un filigrane dessus.
4. **Cliquez sur le bouton « Télécharger »** une fois votre création prête. Votre visuel est alors stocké dans le dossier « Téléchargement » de votre ordinateur ou smartphone.

Je recommande de commencer par une utilisation stricte de Canva depuis votre ordinateur. Principalement pour plus de confort et une exhaustivité des fonctionnalités disponibles, car on ne peut pas tout faire depuis son smartphone, et c'est bien normal.

### Pour aller plus loin...

- Trois actions pour construire un visuel avec Canva :
  - imprégnez-vous des modèles web design proposés par l'outil = 15 minutes ;
  - sélectionnez un visuel et regardez la cohérence graphique (couleur, police de caractères, etc.) = 10 minutes ;
  - ajoutez vos propres éléments (photo, logo, texte) = 20 minutes.
- Si vous débutez sur Canva, commencez par des choses simples et accessibles.

# OUTIL 14 Remove BG

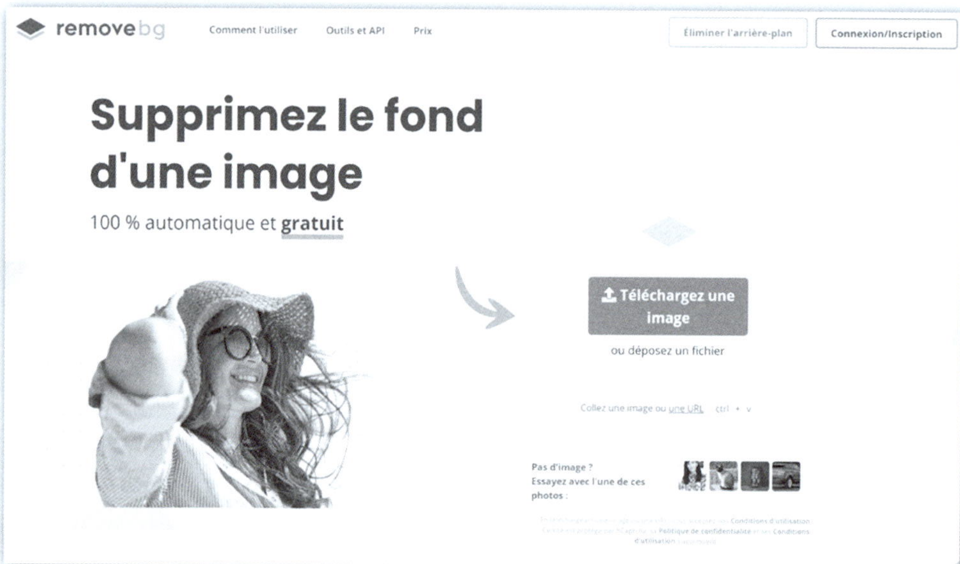

## ? POURQUOI L'UTILISER ?

Vous vous êtes sans doute demandé comment certains profils personnels font pour avoir une photo professionnelle sans arrière-plan… Et vous n'êtes même pas obligé de passer par des photographes, même s'il m'arrive de le recommander quand c'est possible. Utilisez des outils externes permettant de réaliser cette action facilement et rapidement.

Voici donc Remove BG pour « *background* » (arrière-plan). Cet outil permet de supprimer les arrière-plans des photos en fonction de quatre catégories : les personnes, les animaux, les voitures et les graphiques.

## COMMENT L'UTILISER ?

1. **Rendez-vous sur le site *remove.bg/fr.***
2. **Sélectionnez un contenu multimédia** depuis votre ordinateur. Le transfert depuis une URL est aussi possible, à la condition que la photo soit déjà hébergée sur le web.
3. **Demandez à Remove BG de travailler pour vous** en supprimant l'arrière-plan.
4. **Téléchargez votre visuel directement** sur votre ordinateur et ajoutez-le sur LinkedIn ou sur vos autres réseaux sociaux.

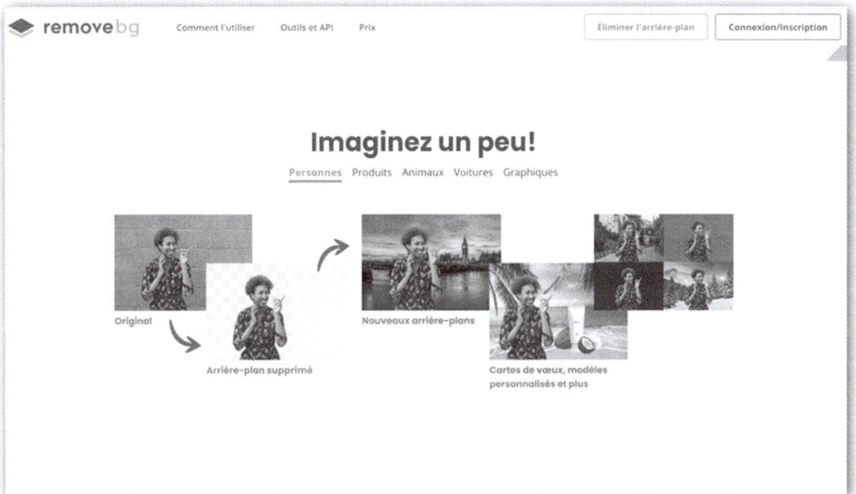


L'outil est disponible en libre accès depuis votre navigateur Internet. En version gratuite, il permet de réaliser au minimum 50 aperçus gratuits. Vous pouvez également le retrouver sur votre ordinateur comme logiciel ou en intégration sur Photoshop et Pixlr.

### Pour aller plus loin…

- Un outil en plus très utile pour changer la couleur du fond d'une photo : *pfpmaker.com*

OUTIL 15

# Cool Symbol

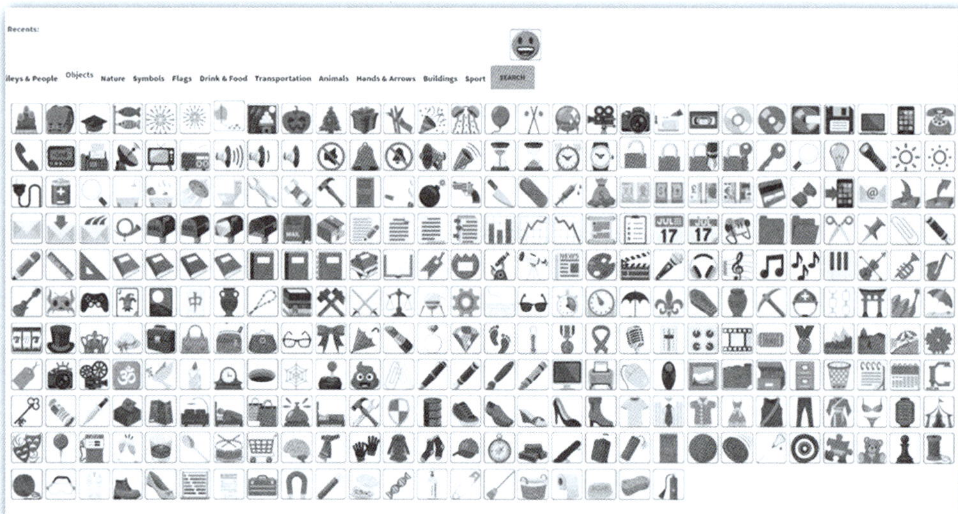

## ? POURQUOI L'UTILISER ?

Pour transformer un profil LinkedIn, vous avez accès à d'autres outils complémentaires, comme Cool Symbol, un générateur de symboles graphiques.

La plupart des utilisateurs ne penseront pas à utiliser des symboles et pourtant... Il peut s'agir de les utiliser pour toutes les sections de votre profil (le titre, l'onglet « Infos », les expériences, les formations, etc.), ou bien pour des publications LinkedIn afin d'animer votre profil/*post* et, de ce fait, engager votre réseau. Un *post* attrayant entraînera forcément plus de réactions !

## COMMENT L'UTILISER ?

1. **Rendez-vous sur le site** ***coolsymbol.com***.
2. **Sélectionnez la catégorie qui vous intéresse** (symboles, émojis, etc.). La plus intéressante pour un profil LinkedIn est « émojis ».
3. **Choisissez parmi la sélection de symboles**.
4. **Cliquez sur le symbole de votre choix pour le copier** sur votre ordinateur et le coller sur votre profil personnel. La manipulation est identique pour une utilisation depuis votre page « Entreprise ».
5. **Intégrez régulièrement des symboles au début de vos** ***posts*** pour capter plus facilement l'attention.

◆ TEMOIGNAGE ◆
▶ Je suis partie de la base sur LinkedIn avec Julien et j'ai appris les principales fonctionnalités de la plateforme par sa formation.
Une formation d'une grande cohérence, qualitative et facile à suivre, il suffit d'appliquer les consignes.
Pas à pas, on arrive ensemble à construire son réseau et Julien ne lâche jamais l'affaire.
C'est avec le suivi assidu de Julien que la confiance prend place et tout devient très naturel sur LinkedIn. Sans la formation, aurais-je compris tout l'intérêt de LinkedIn aussi rapidement ? J'en doute.
Je vous recommande la formation de Julien pour développer votre marque sur les réseaux sociaux et surtout sur Linkedin

Nathalie Mégange - 🎧Vidéo🎬 intérêt pour les formats 3D - 360° et Réalité Augmentée / Communication digitale TPE sur Réseaux Sociaux

◆ QUI SUIS JE ? ◆
2014 c'est une grande remise en question après un Bac+5 en école de commerce
Je décide d'effectuer une reconversion professionnelle à Paris pour devenir Community Manager
Une sacrée aventure pour moi et l'accès à un nouveau monde qui est celui du web marketing
Depuis, j'explore au quotidien et je me spécialise sur Linkedin et les profils personnels depuis fin 2017
La pratique du rugby que j'ai fait à haut niveau jusqu'à l'âge de 23 ans est un élément fort de ma personnalité.

Attention : prenez soin de garder une posture professionnelle, vous n'êtes pas sur Facebook.

### Pour aller plus loin...

- Un outil complémentaire dans la même catégorie : *fr.piliapp.com/facebook-symbols/*

OUTIL 16

# YayText

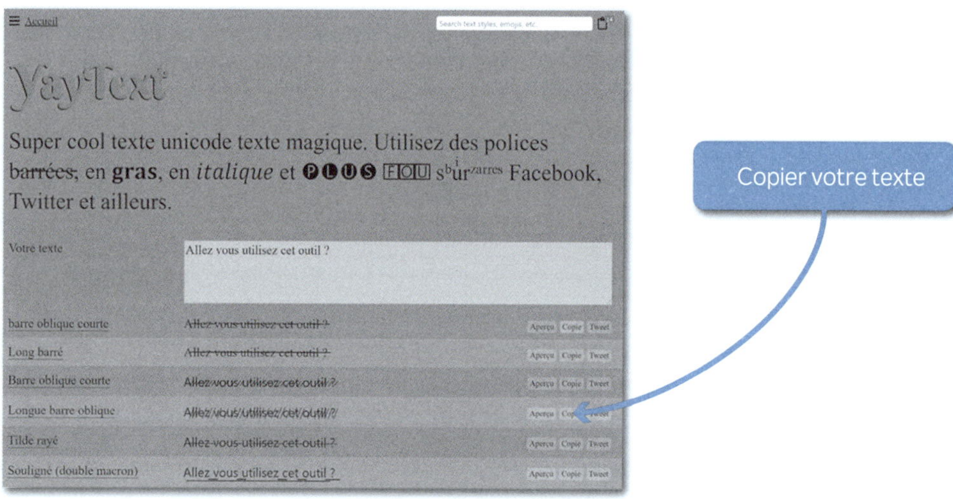

## ? POURQUOI L'UTILISER ?

Lors de mes ateliers LinkedIn, une question revient assez souvent : « *Comment fait-on pour changer la police de caractères du texte directement sur le réseau social ?* » J'ai maintenant une solution simple et rapide pour vous.

YayText est un outil qui entre dans la même catégorie que Cool Symbol, dans le sens où il vous permet de rendre vos textes plus graphiques et plus reconnaissables. C'est une fois de plus l'opportunité de mieux capter l'attention et de créer une rupture au niveau de l'œil. YayText se présente ainsi comme un générateur de texte magique à utiliser sur l'ensemble du web. À partir d'une saisie, plus de 30 possibilités de mise en forme s'offrent à vous !

## COMMENT L'UTILISER ?

1. **Rendez-vous sur le site *yaytext.com/fr/* et commencez votre saisie** depuis votre ordinateur. Des résultats apparaissent de manière aléatoire.
2. **Sélectionnez les catégories qui vous intéressent**. Une fois le résultat satisfaisant, copiez le texte magique sur LinkedIn.

Je recommande une utilisation modeste de cet outil. Je vous rappelle que nous sommes sur un réseau professionnel. Je l'utilise de mon côté seulement dans le titre de mon profil, même s'il n'y a pas vraiment de règle concernant son maniement.

### Pour aller plus loin...

- Des guides complémentaires sur YayText : *yaytext.com/how-to/*

OUTIL 17

# Shield Analytics

## ? POURQUOI L'UTILISER ?

Dans le cadre d'une amélioration continue et pour atteindre vos objectifs sur LinkedIn, il est recommandé de réaliser un reporting d'activités statistiques, ou tout au moins d'observer régulièrement les métriques d'évolution de votre réseau, ainsi que l'engagement sur vos publications.

À ce jour, le profil personnel donne un accès réduit aux statistiques en comparaison avec une page « Entreprise ». De plus, il faut savoir repérer les bonnes informations pour les ajouter dans un tableau ou un document spécifique. Il manque donc une vue d'ensemble du compte, surtout sur une période plus longue que les sept derniers jours...

Shields Analytics est alors un outil payant mais nécessaire si vous souhaitez effectuer à tout moment des reportings professionnels et complets portant sur l'évolution de votre profil LinkedIn. La bonne nouvelle est qu'il est possible de le tester gratuitement pendant une période de dix jours actuellement. Il propose notamment d'analyser vos données portant sur l'évolution de votre réseau, la visibilité et l'engagement de vos publications, la démographie de votre audience, etc. De plus, il est possible d'ajouter d'autres profils personnels sur votre tableau de bord. Vous aurez donc la possibilité de suivre l'activité de votre équipe ou de vos ambassadeurs sur le réseau social.

## COMMENT L'UTILISER ?

1. **Rendez-vous sur le site *shieldapp.ai*** pour créer un compte.
2. **Téléchargez l'extension Shields Analytics** depuis votre navigateur Internet, seule condition pour pouvoir l'utiliser.
3. **Allez sur votre profil personnel** et cliquez sur l'extension préalablement installée.
4. **Accédez aux différentes statistiques de l'outil**.

Je vous conseille de vous concentrer sur des métriques importantes pour construire votre propre tableau de bord.

- Le nombre de vues : l'évolution de votre audience.
- Le nombre de *posts* : votre régularité pour publier du contenu.
- Le taux d'engagement : le nombre de personnes qui ont aimé, partagé, commenté ou cliqué sur une publication par rapport au nombre total de personne qui ont vu cette publication.

### Pour aller plus loin...

- Consultez le blog de Shields Analytics, il offre des ressources complémentaires sur l'usage de LinkedIn : *shieldapp.ai/blog/*
- Le profil LinkedIn du fondateur de l'outil : *linkedin.com/in/andreasjonssonn/*

OUTIL 18

# Resume Worded

## ? POURQUOI L'UTILISER ?

L'optimisation du profil personnel LinkedIn est une priorité avant d'aller plus loin sur le réseau social. Dans cet objectif, il existe des outils complémentaires mis à votre disposition.

Voici donc Resume Worded que vous pouvez utiliser de plusieurs façons :

- pour scanner la totalité de votre profil sous différents angles. C'est un excellent moyen d'obtenir une aide précieuse, surtout si vous débutez sur la plateforme ;
- pour enregistrer et noter la qualité de votre CV. Une alternative précieuse si vous êtes dans une logique d'employabilité (recherche de stage, job, alternance, etc.). À noter que certains résultats sont disponibles uniquement en version payante.

## COMMENT L'UTILISER ?

1. **Rendez-vous sur le site *resumeworded.com*.**
2. **Créez votre compte avec un e-mail et un mot de passe**. Vous obtenez ensuite un tableau de bord pour utiliser les différentes fonctionnalités.
3. Dans le cas du profil LinkedIn, **cliquez sur l'onglet dédié au réseau social**. Une des grandes plus-values de l'outil est cette capacité à établir un score sur 100. De multiples résultats sont alors disponibles pour entrer dans les détails du profil :
   - le score global ;
   - le titre de votre profil ;
   - l'onglet « Infos » de votre profil ;
   - l'onglet « Expérience » ;
   - etc.

Resume Worded est un véritable coach pour vous aider à booster votre profil personnel. Je le recommande notamment pour vérifier la pertinence de votre profil et apercevoir comment le titre de votre profil apparaît pour les nouveaux visiteurs. Il est particulièrement utile pour vérifier l'affichage de votre profil sur mobile.

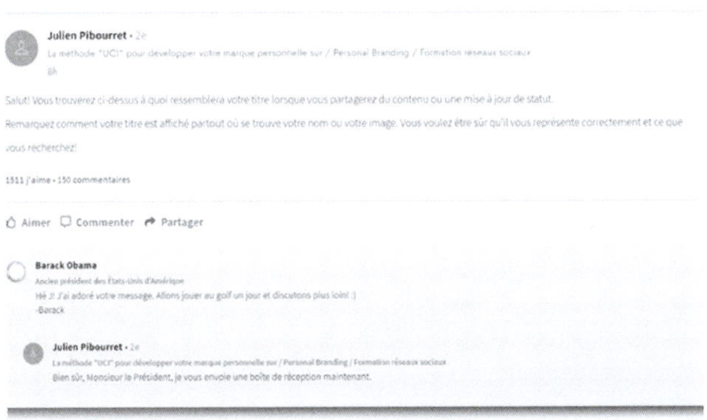


Suite Outil 18 >

### Pour aller plus loin…

- Le blog de Resume Worded : *resumeworded.com/blog/*

OUTIL 18

# Resume Worded

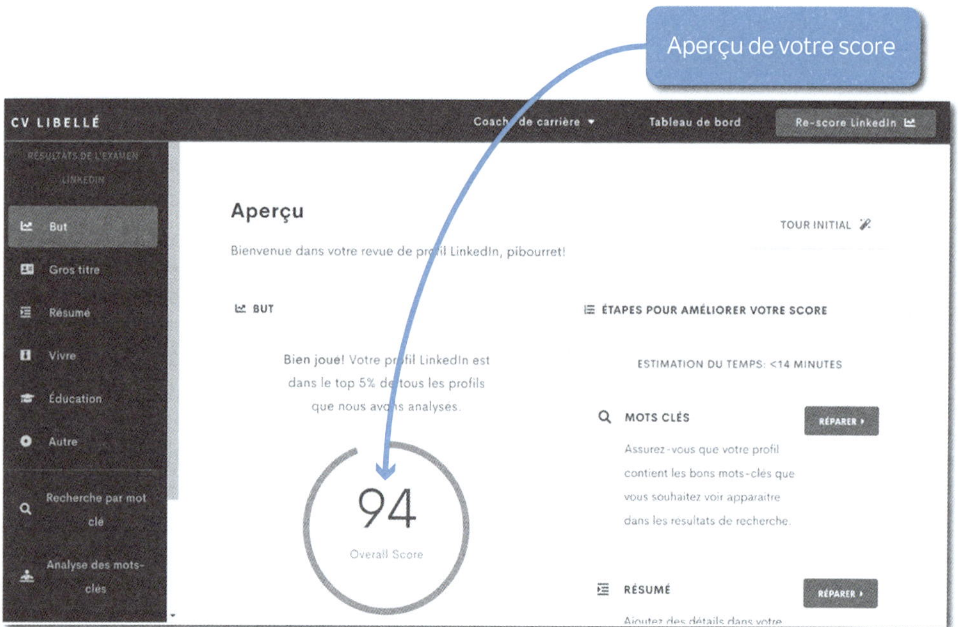

L'apparition du titre pour les nouveaux visiteurs
Chercher
Julien Pibourret
La méthode "UCI" pour développer votre marque personnelle sur / Personal ...
Lieu
Relier
Barack Obama
Ancien président des États-Unis d'Amérique
Région métropolitaine de Washington DC
Relier
Recommandé pour vous
Julien Pibourret
La méthode "UCI" pour développer votre marque...
Relier
Oprah Winfrey
PDG, producteur, editeur, actrice et innovatrice
Relier
Barack Obama
Ancien président des États-Unis d'Amérique
Relier

# PLAN D'ACTION 3

## Optimisez votre profil personnel

Dans ce plan d'action, je vais déjà clarifier un point déterminant pour votre réussite. Votre profil LinkedIn n'est pas un CV mais un véritable site Internet. Vous devez donc convaincre et montrer ce que vous pouvez apporter.

### LE BLOC DU HAUT

Dans ce premier bloc, on retrouve la photo de couverture, la photo de profil et le titre.

La photo de couverture ou *cover* en anglais est le premier élément qui s'affiche pour un nouveau visiteur. Je vous invite d'ailleurs à regarder mon profil LinkedIn depuis l'application mobile. Vous verrez l'impact de cet élément.
Il existe ainsi deux façons de repenser la photo de couverture.

1. **Mettez en avant une de vos passions ou quelque chose qui vous anime**. Il n'est pas obligatoire d'avoir un point commun avec votre activité professionnelle, nous sommes sur un profil personnel. **Pensez à privilégier une photo au format paysage**.
2. **Voyez la photo de couverture comme le premier message que vous allez diffuser à vos cibles** (recruteurs, clients, partenaires, etc.). Le visiteur doit comprendre votre promesse, votre solution et vos compétences. Le seul critère qui compte est de comprendre rapidement ce que vous faites (moins de cinq secondes). Gardez toujours cela en tête pour gagner la bataille de l'attention. Finalement, privilégiez plutôt une phrase courte et mémorable, un slogan pour votre photo de couverture.

#### Les outils à votre disposition

- **Unsplash pour les photos en HD et Canva pour personnaliser la photo.**
- **Si vous souhaitez disposer de mon *template cover,* envoyez-moi directement un message en privé en disant que vous avez lu cette petite boîte à outils.**

**La photo de profil** est également très importante et parfois négligée. Voici quelques conseils.

- **Prévoyez un format de 500 x 500 pixels.**
- **Évitez l'effet hublot** comme je le vois régulièrement (la tête rognée au niveau des cheveux).
- **Utilisez une photo professionnelle**, mais restez vous-même.

Vous pouvez aussi animer votre photo de profil en cliquant sur « Créer une Cover Story ».

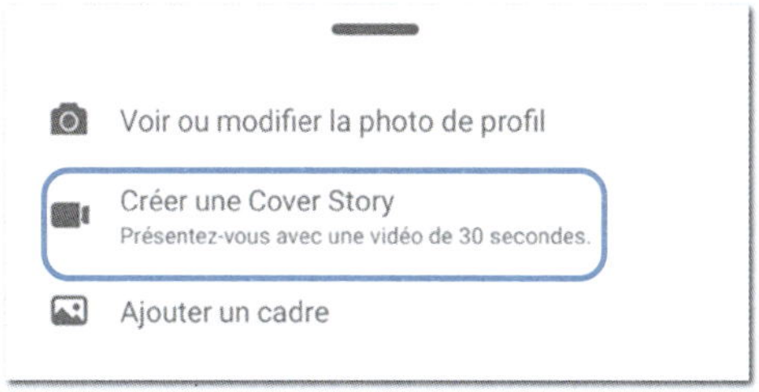


## Les outils à votre disposition

- **Pour enlever l'arrière-plan de votre photo, vous disposez de l'outil Remove BG et de PFP Maker.**

Enfin, **le titre de votre profil** est à ne surtout pas négliger pour deux raisons.

1. Sur LinkedIn, des personnes font régulièrement des recherches pour des prestataires, des candidats, etc. On considère donc qu'il y a une logique de référencement comme sur un moteur de recherche.
2. Cette section, c'est l'opportunité de renseigner vos compétences, vos prestations, etc.

Je recommande ainsi de rédiger le titre de votre profil selon la formule suivante :

**Qui aidez-vous (votre cible) ? + Quel bénéfice lui apportez-vous (la solution) ? + De quelle manière (méthodologie, procédé) ?**

Puis, **ajoutez des mots-clés stratégiques** concernant votre secteur d'activité, votre métier, etc. Si vous n'avez pas d'idée, commencez en priorité par détecter les mots-clés des profils similaires au vôtre.

Dernier conseil : ne dites pas tout de suite dans le titre que vous êtes en recherche (clients, job, stage, alternance). Vous vous adressez d'abord aux personnes à atteindre !

## Les outils à votre disposition

- **Cool Symbol et YayText pour sublimer vos textes.**

# PLAN D'ACTION (SUITE)

## LE BLOC DU MILIEU

Dans ce deuxième bloc, on retrouve la rubrique « Infos », l'onglet « Sélection de contenus » et le tableau de bord.

Commençons par la rubrique « Infos » souvent négligée. Je recommande deux structures en paragraphes pour l'optimiser.

1. **Si vous proposez des services commerciaux** et que vous avez un lien avec la fonction vente de votre entreprise :
   - paragraphe 1 : vos expertises stratégiques ou le service à destination de vos clients ;
   - paragraphe 2 : votre cible, pour qui vous travaillez ;
   - paragraphe 3 : votre solution, méthode et pourquoi est-ce que ça marche ;
   - paragraphe 4 : qui êtes-vous, votre histoire, votre parcours ;
   - paragraphe 5 : un appel à l'action pour vous contacter.
2. **Si vous voulez développer votre employabilité** (job, alternances, etc.) :
   - paragraphe 1 : vos premières expertises stratégiques à destination des recruteurs. Évitez le « je » dès la première ligne ;
   - paragraphe 2 : qui êtes-vous, votre histoire, votre parcours ;
   - paragraphe 3 : vos compétences en plus ;
   - paragraphe 4 : un appel à l'action pour vous contacter.

Ne soyez pas trop long concernant le premier paragraphe (2 ou 3 lignes maximum). Vérifiez instantanément le rendu sur votre mobile.

L'onglet « Sélection de contenus » quant à lui vous permet de choisir des informations pertinentes et professionnelles à montrer. LinkedIn vous en propose quatre par défaut :

- un *post* LinkedIn ;
- un article LinkedIn ;
- un lien externe ;
- un média.

La navigation se fait comme un carrousel.
La question à se poser est alors : « **Quels contenus montrer pour convaincre ?** » La réponse sera la composition de cet onglet.

Enfin, le tableau de bord du profil vous permet d'avoir d'autres informations complémentaires, visibles uniquement par vous. Vous y retrouvez : les personnes qui ont consulté votre profil, les vues de vos derniers *posts* et les apparitions de votre profil dans les résultats de recherche. Ce dernier ne s'affiche pas tout le temps et dépend de votre activité. C'est aussi ici qu'apparaît le badge « expert absolu » prouvant que vous avez renseigné votre profil correctement selon les recommandations de LinkedIn.

## LE BLOC DU BAS

À ce stade, votre profil commence à prendre forme. Il reste cependant des dernières optimisations à effectuer dans le dernier bloc. Dans celui-ci, vous trouverez la rubrique « Expérience », la section « Formation », les « Compétences et recommandations ».

Tout d'abord, dans la partie « Expérience », je vous recommande de développer vos missions et vos tâches. **Mettez surtout l'accent sur une expérience actuelle ou en rapport avec celle souhaitée.**

Dans la section « Formation », **recensez les enseignements importants.** Cette section est à privilégier si la formation est en rapport avec ce que vous faites ou souhaitez faire.

Concernant les compétences, LinkedIn vous en proposera certainement. Il est alors possible **d'en épingler trois et de les placer en priorité pour les visiteurs de votre profil.**

Enfin, concernant les recommandations, il s'agit de témoignages comme une mécanique de preuve sociale (élément de réassurance). Cette section est de plus en plus importante et regardée par les visiteurs et les décideurs. **Établissez donc dès à présent une liste de trois personnes et demandez-leur une recommandation.** Cette fonctionnalité est uniquement valable pour votre 1er cercle (vos relations).

### Bilan et actions

1. **Après la lecture de ce plan d'action, répertoriez les éléments à modifier sur votre profil.**
2. **Faites les modifications nécessaires.**
3. **Consultez ensuite votre profil pour voir le rendu final.**
4. **L'interface de LinkedIn évolue régulièrement et l'affichage des éléments aussi. Vérifiez les mises à jour.**

# DOSSIER 3 CRÉEZ DU CONTENU SUR LINKEDIN

L'évolution de LinkedIn est palpable depuis quelques années : près de 50 millions de membres en plus dans le monde en 2020. On estime même qu'il y a plus de deux nouveaux inscrits par seconde[1] ! C'est une des raisons pour lesquelles je m'y suis intéressé de plus près et ai décidé de vous donner les clés pour profiter de cette formidable opportunité.
Sur l'utilisation du réseau pourtant, on assiste à des débats vifs et engagés : d'un côté, il y a les défenseurs d'un usage purement professionnel, considéré comme l'essence de la plateforme. De mon point de vue, je n'irai pas vraiment sur ce sujet pour une seule raison : l'unique chose qui me paraît intéressante dans l'utilisation quotidienne de LinkedIn est celle d'apercevoir les opportunités en tant que communicant et explorateur. Je vous invite à adopter ce même état d'esprit.

## DONNEZ UNE RAISON POUR QUE L'ON S'INTÉRESSE À VOUS

Personne ne vous attend sur LinkedIn et ailleurs. Par contre, on attend de vous vos analyses, vos réflexions, votre opinion… Bref, une valeur ajoutée. Pour ce faire, il vous faudra créer du contenu ; et rien de plus simple ! Ainsi, toute votre stratégie doit s'orienter sur cette finalité : on doit venir à vous en ayant consulté auparavant vos publications sur la durée. Les outils de ce dossier sont là pour vous y aider.

---

1. Source : « LinkedIn en chiffres édition 2020 », *agencedesmediassociaux.com*, 14 janvier 2020.

# COMPRENEZ LES NOUVELLES RÈGLES DE LINKEDIN POUR SORTIR DE LA MAJORITÉ SILENCIEUSE

LinkedIn pourra également vous offrir une grande visibilité en comparaison avec les autres réseaux sociaux plus concurrentiels. Pour ce faire, plusieurs approches sont envisageables.

1. Variez les formats pour transmettre votre message.
2. Acceptez le côté voyeur pour véhiculer plus facilement vos idées.
3. Produisez du contenu pertinent avec régularité.
4. Enfin, prenez un temps pour organiser la publication de vos publications *via* un outil de programmation externe.

> Votre visibilité sur LinkedIn dépendra de la valeur (des conseils) que vous apporterez ; passez tout simplement du statut de « spectateur » à celui « d'acteur ».

## LES OUTILS


| | | |
|---|---|---|
| **19** | **Les *posts* et les articles** | 68 |
| **20** | **Le format document-carrousel** | 72 |
| **21** | **La vidéo et le *live*** | 74 |
| **22** | **Les *stories*** | 76 |
| **23** | **Les sondages** | 78 |
| **24** | **InShot** | 84 |
| **25** | **Headliner** | 86 |
| **26** | **Swello** | 88 |

OUTIL 19

# Les *posts* et les articles

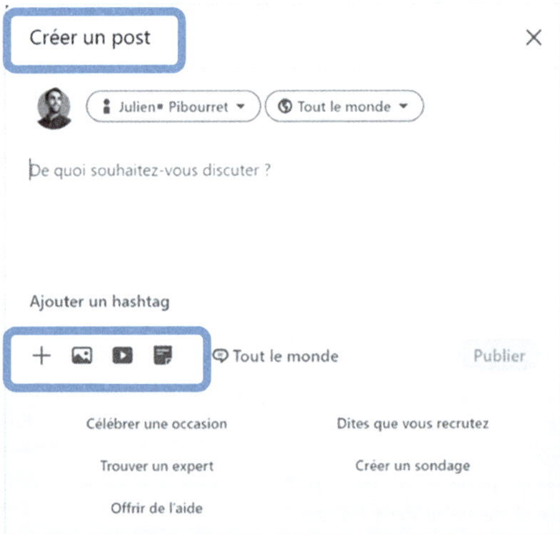

## ? POURQUOI L'UTILISER ?

La création de contenu est devenue nécessaire sur LinkedIn pour développer votre *personal branding*, c'est-à-dire votre image (comme une marque) sur Internet.

Pour développer votre *personal branding* sur LinkedIn, il existe deux façons de faire :

- en choisissant le format d'un *post* avec une limitation à 1 300 caractères ;
- en optant pour le format « article » qui, comme son nom l'indique, sera plus long qu'un *post*.

Le choix dépendra de votre capacité à produire du contenu pertinent. En ce sens, un article vous permettra d'expliquer plus en profondeur vos propos, vos analyses. Cependant, il diminuera votre fréquence de publication car il vous demandera un plus grand investissement.

Ce débat existe sur LinkedIn et les autres réseaux sociaux entre la qualité et la quantité concernant le contenu. Je pense qu'il faut raisonner de la même manière sur LinkedIn : votre capacité à identifier/produire du contenu définira votre fréquence.

## COMMENT L'UTILISER ?

De mon côté, je recommande de commencer par la publication de *posts*. Cela peut être tout aussi long que la rédaction d'un article, notamment si vous ajoutez des contenus médias (photos, visuels, vidéos, etc.).

Voir Outil 7

1. **Cliquez sur « Commencer un *post* »** depuis l'accueil de la plateforme.

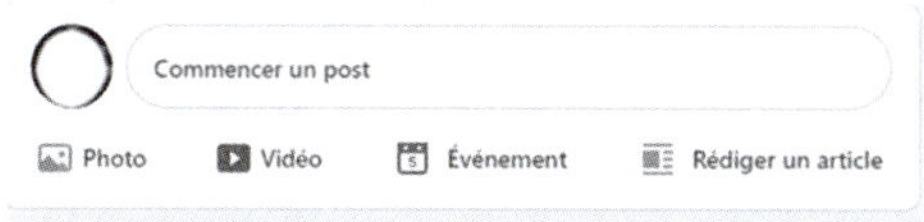


2. **Rédigez votre publication** en ajoutant des *hashtags* si besoin.
3. **Prenez soin de rendre le *post* visible de tout le monde** et pas seulement de votre réseau ou des membres d'un groupe.

Il est important de noter que les publications avec seulement du texte fonctionnent très bien sur LinkedIn. On peut en déduire que les utilisateurs lisent un peu plus. Ainsi, j'utilise beaucoup ce type de publication au quotidien.

**Pour aller plus loin...**

- Un exemple de *post* LinkedIn : *bit.ly/34zYpJb*
- Un exemple d'article LinkedIn : *bit.ly/3fOzKFJ*

# PLAN D'ACTION 4

## Écrivez vos premiers contenus

Pour chaque publication LinkedIn, j'utilise la plupart du temps cette méthodologie facile à reproduire. Elle vous aidera à structurer votre message et à le rendre plus compréhensible. Avec le temps, vous prendrez des libertés comme je le fais de mon côté. Si vous faites de la vidéo, utilisez la même méthode pour la structure narrative.

### PARAGRAPHE 1 : L'ACCROCHE

Elle représente les premières lignes du *post* (2 à 3 lignes). Commencez toujours par un côté émotionnel, pour susciter l'intérêt, intriguer, capter l'attention. L'objectif est que le lecteur veuille en savoir plus.

### PARAGRAPHE 2 : L'HISTOIRE

Dans ce deuxième paragraphe, introduisez l'histoire pour créer la publication. Cela peut-être un sujet spécifique, une expérience particulière, un avis, etc.

### PARAGRAPHE 3 : LA LEÇON

Reliez l'angle de votre histoire à un enseignement. Chaque lecteur doit repartir avec quelque chose de concret pour l'aider.

### PARAGRAPHE 4 : L'ACTION

Terminez avec un appel à l'action. Il peut s'agir d'un partage en commentaire, d'un clic sur un lien, de vous contacter si besoin, etc. J'utilise fréquemment une question.

### QUELLE LONGUEUR POUR CHAQUE PARAGRAPHE ?

Cela dépendra de la créativité de votre contenu. Cependant, concentrez-vous sur des phrases courtes et faciles à assimiler :

*Une phrase = Une idée*

Lorsque vous relisez votre publication, supprimez le superflu pour ne garder que l'essence même de votre *post*.

## Sept règles pour rédiger un bon contenu sur le web

### 1 Créer un bon titre principal

Trouvez un titre intéressant avec mot-clé et si possible sous forme de question.

### 2 Développer le contenu

Donnez de la plus-value à votre article, évitez les paraphrases et donnez des infos concrètes !

### 3 Organiser le texte

Organisez vos articles avec des sous-titres et des paragraphes clairs

### 4 Aérer les paragraphes

Donnez de l'air à vos articles pour permettre une lecture plus facile.

### 5 Faire des listes

Créez des listes numérotées et à puces pour attirer l'attention de votre lecteur.

### 6 Illustrer le texte

Ajoutez des photos et/ou des vidéos pour nourrir vos articles.

### 7 Simplifier le texte

Vulgarisez vos informations en les rendant accessibles à tous.

*Source : d'après 3SC Global Services,* 3scglobalservices.com

OUTIL 20

# Le format document-carrousel

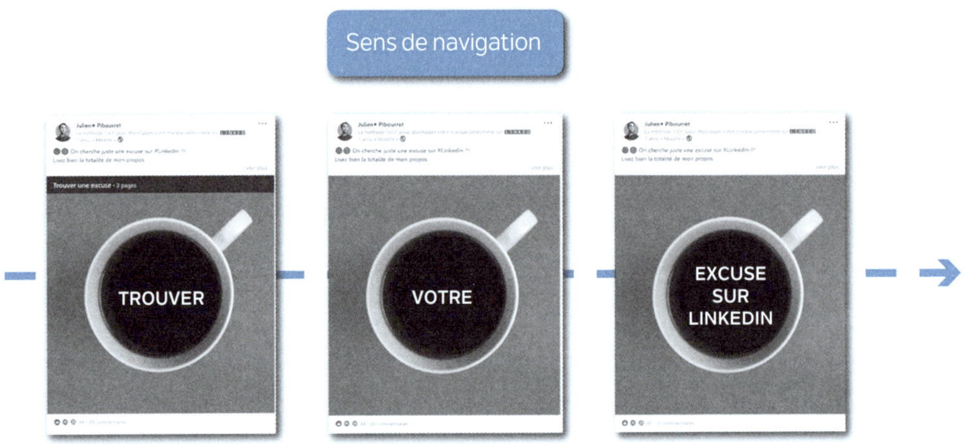

## ? POURQUOI L'UTILISER ?

Comme l'ensemble des plateformes sociales, LinkedIn change régulièrement les formats des publications. La majorité des utilisateurs publie ainsi de manière assez simple (textes, photos), mais il est envisageable d'aller plus loin, notamment avec le format document-carrousel.

Aussi appelé carrousel, il permet une navigation de la gauche vers la droite pour le visiteur. Il est très intéressant afin de montrer un processus, une histoire. Il s'utilise de plus en plus car il permet d'augmenter la durée de visionnage de vos messages que LinkedIn prend en compte (l'algorithme mettra dès lors plus souvent en avant vos publications).

Voici pourquoi ce format peut devenir votre allié. Il vous permettra :

- de partager directement une présentation spécifique pour votre réseau (je l'utilise de temps en temps quand j'ai des supports et/ou des guides à dispenser) ;
- de faire des tests pour savoir s'il améliore l'impact et la visibilité de vos contenus sur LinkedIn.

## COMMENT L'UTILISER ?

Dans un premier temps, il vous faudra détenir un document au format PDF. C'est la condition nécessaire à l'utilisation du format carrousel. Si vous avez oublié cette étape, LinkedIn vous le rappellera automatiquement et vous ne pourrez pas aller plus loin.

Voir Outil 13

1. **Cliquez sur « Commencer un *post* »** sur la page d'accueil de la plateforme.
2. **Sélectionnez le format carrousel** et importez votre fichier PDF.

Prenons un exemple concret : vous disposez d'un guide PowerPoint sur les métiers du recrutement qui fait 10 *slides*. Une fois l'enregistrement au format PDF, vous obtiendrez un contenu carrousel LinkedIn avec 10 pages de la gauche vers la droite.

3. **Rédigez une accroche** pour introduire votre publication finale.
4. **Renommez votre carrousel** avec le titre de votre contenu, message.

Quand je n'ai pas de présentation, j'utilise l'outil Canva pour créer simplement des visuels. Je termine en réalisant un enregistrement au format PDF.

### Pour aller plus loin...

- **Une autre technique en plus pour ce format : construisez votre carrousel comme une histoire avec des étapes et un processus.**

OUTIL 21

# La vidéo et le *live*

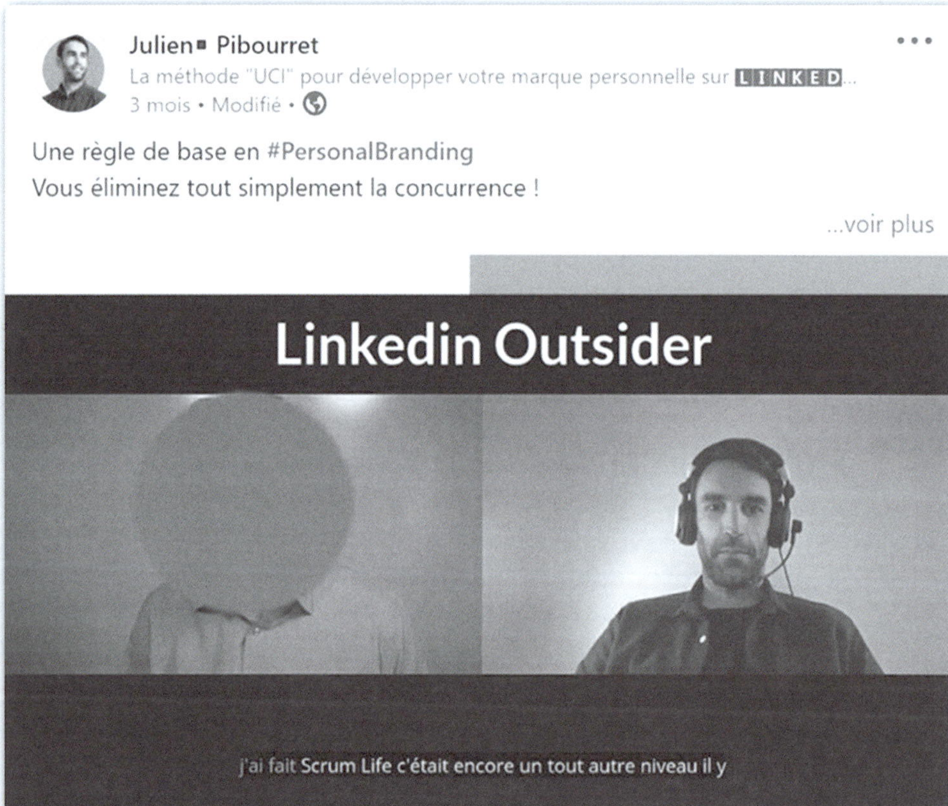

## ? POURQUOI L'UTILISER ?

La vidéo est une fonctionnalité récente de LinkedIn permettant de communiquer différemment avec votre réseau. Pour le moment, il existe une limitation à 10 minutes concernant la durée.

Comme on l'a vu précédemment, LinkedIn est très utilisé pour effectuer de la veille. La vidéo vient ainsi compléter la transformation du réseau social en proposant une autre manière d'interagir, de raconter des histoires et d'être soi-même.

L'arrivée progressive du *live* est aussi une bonne nouvelle pour les créateurs de contenu : cela permet de renforcer la proximité avec son audience. Il n'existe cependant pas énormément d'exemples en francophonie et l'utilisation du *live* demande une implication plus importante et un véritable savoir-faire.

Je conseille dès lors de commencer par la vidéo et d'explorer le *live* dans un second temps.

## COMMENT L'UTILISER ?

Pour la vidéo :

- Dans la pratique, **faites la même manipulation que pour réaliser un format carrousel** et **cliquez sur le bouton vidéo.** Plus votre vidéo sera longue, plus le temps de téléchargement augmentera pour le réseau social.

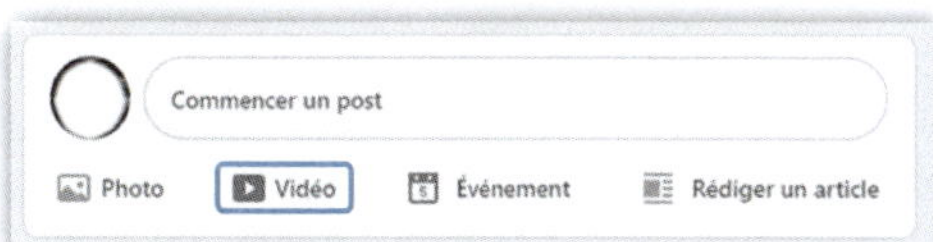


Voir Outil 20

- **Recevez une notification** signifiant que votre message avec vidéo est bien diffusé.

Pour le *live* :

- **Demandez à LinkedIn l'autorisation pour utiliser cette fonctionnalité** (voir le lien dans « Pour aller plus loin »). Si le retour est positif, vous devenez éligible à ce format.
- **Utilisez un outil externe pour diffuser votre *live* sur LinkedIn**, comme StreamYard ou Restream.io. Le *live* ne se déclenche pas directement depuis la plateforme, raison pour laquelle la diffusion est un peu plus compliquée.

### Pour aller plus loin...

- Lien pour demander l'autorisation de diffuser un *live* sur LinkedIn : *bit.ly/3c9jYUX*
- Trois profils LinkedIn faisant régulièrement des *lives* :
  - *linkedin.com/in/shaneemoret/*
  - *linkedin.com/in/rogerwakefield/*
  - *linkedin.com/in/nathanialbibby/*

OUTIL 22

# Les *stories*

1

2

## ? POURQUOI L'UTILISER ?

Lorsque vous communiquez activement sur LinkedIn, votre réseau ne verra pas toutes vos publications. La plateforme vous propose alors un format permettant d'enrichir et de diversifier vos prises de parole : la *story*.

Utilisée depuis longtemps sur d'autres réseaux sociaux (Instagram, Snapchat, etc.), cette fonctionnalité n'est pas vraiment une nouveauté mais existe sur LinkedIn seulement depuis peu.

Assez récente dans l'écosystème de LinkedIn, la *story* correspond à l'une des évolutions du premier réseau social professionnel. Ainsi, à travers un contenu éphémère (24 heures maximum), tous les profils personnels et les pages « Entreprises » peuvent utiliser au quotidien les *stories* pour une communication au plus proche de leurs relations.

## COMMENT L'UTILISER ?

L'utilisation des *stories* se fait uniquement depuis le mobile pour la production, la publication et le visionnage. Ce format est relativement simple, mais quelques explications s'imposent.

1. **Rendez-vous sur l'accueil de LinkedIn depuis votre smartphone**. Puis, cliquez sur votre photo de profil ou le logo de votre page entreprise pour publier une *story*.

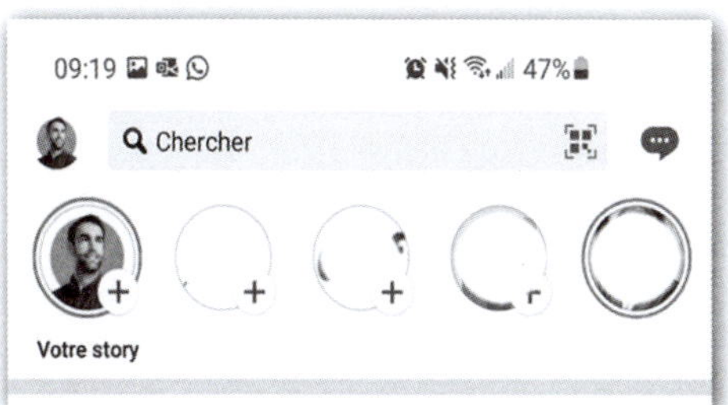


Une fois dans le mode *story* de votre application LinkedIn, plusieurs stickers sont à votre disposition pour illustrer votre parole. On retrouve ainsi pour le moment :
- des mentions de comptes LinkedIn ;
- l'heure de publication ;
- la question du jour ;
- des stickers pour la communauté et les évènements.

Plusieurs polices de textes et couleurs sont également utilisables pour agrémenter votre *story* éphémère.

2. **Agrémentez vos *stories*** : ajoutez un lien externe à l'intérieur, des questions pour votre réseau, des *hashtags*, etc.
3. **Surveillez les futures autres fonctionnalités** qui arriveront concernant les *stories*.

### Pour aller plus loin…

- Utilisez ce format pour partager plusieurs fois vos autres contenus LinkedIn. Par exemple, quand je diffuse un *post* depuis mon profil, je prépare plusieurs *stories* en relation avec ce premier contenu.
- Comment ajouter un lien sur une *story* LinkedIn : *bit.ly/2RSyvOv*

OUTIL 23

# Les sondages

## ? POURQUOI L'UTILISER ?

Vous voulez interroger vos relations concernant un sujet particulier ? C'est maintenant possible avec l'outil de publication de sondage, solution supplémentaire pour tous les créateurs de contenu.

L'utilisation des sondages dépend de vos objectifs, mais est un très bon moyen de conserver une proximité comme le format *story* avec votre réseau. De plus, moins répandu sur la plateforme, il constitue une vraie opportunité pour vous démarquer. La principale contrainte est qu'il faudra passer plus de temps pour créer le message avec la constitution du sondage.

Néanmoins, LinkedIn est encore aujourd'hui un réseau social moins addictif que les autres concernant l'activité des membres et leur engagement (*likes*, commentaires, clics, etc.). Vous ne serez donc pas certains que la plupart de vos relations acceptent de répondre à votre sondage. Finalement, testez-en un et observez le résultat en direct.

## COMMENT L'UTILISER ?

1. Comme pour une publication standard, **cliquez sur « Créer un sondage ».**
2. **Définissez la question pour votre réseau limitée à 140 caractères**. Les réponses possibles sont indiquées comme des options par le réseau social.
3. **Paramétrez la durée du sondage.** Pour le moment, cela peut aller jusqu'à plusieurs semaines.
4. **Disposez en temps réel de toutes les réponses** et de l'activité de votre *post*.

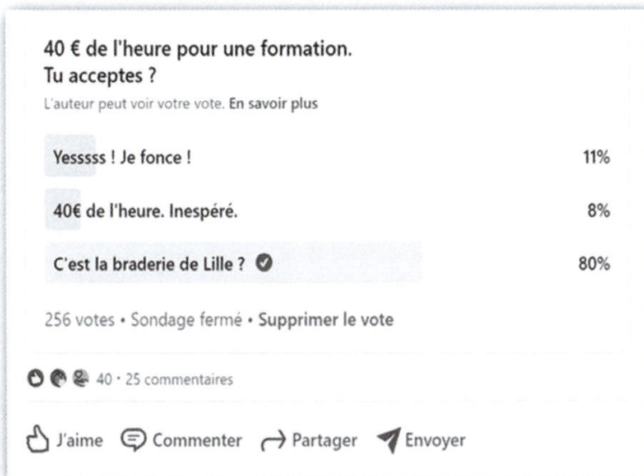


### Pour aller plus loin...

- Comment et pourquoi utiliser les sondages LinkedIn : *bit.ly/3plsbeh*

Voir Outil 22

# PLAN D'ACTION 5

## Sept types de contenus à diffuser

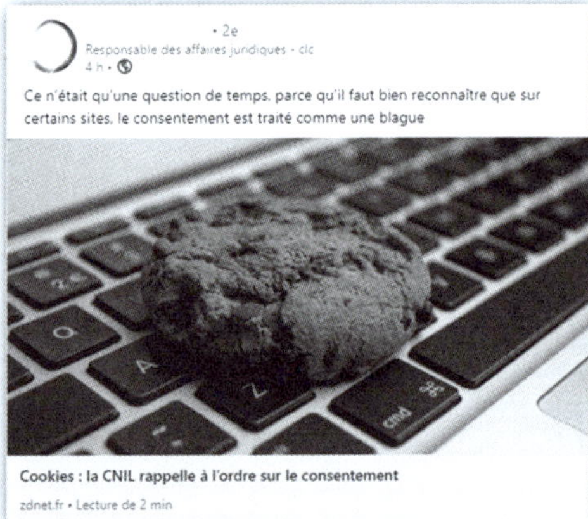


### CONTENU 1 : DONNER UN AVIS, UNE RÉFLEXION SUR UN SUJET

C'est un contenu assez répandu et vous trouverez même des messages qui cherchent la polémique. Attention sur ce point, cherchez tout de même avant tout un contenu constructif. Ne tombez pas dans le piège de la facilité.

### CONTENU 2 : CÉLÉBRER, PARTAGER UN SUCCÈS

On retrouve régulièrement ce type de contenu sur LinkedIn pour communiquer sur un accomplissement, une victoire ou un point d'étape. Attention à ne pas en faire trop, sinon vous entrez dans l'auto-promotion.

## CONTENU 3 : PARTAGER UN MESSAGE PLUS INSTITUTIONNEL

C'est un contenu plus neutre, froid et qui ne vient pas de vous. On retrouve ici le fait de reprendre ce que fait votre page « Entreprise » sur LinkedIn ou l'actualité d'un site Internet.

## CONTENU 4 : MONTRER UNE LEÇON À RETENIR

C'est un contenu plus inspirant à destination de votre réseau. Il permet de partager vos apprentissages, vos obstacles surmontés, etc. Exemple : « Qu'avez-vous retenu après la lecture de cette boîte à outils ? »

> Pas besoin d'avoir fait « khâgne », « hypokhâgne » ou encore « Polytechnique »
>
> Écrire des posts ce n'est pas de la littérature au contraire.
>
> Il faut aller à l'essentiel.
>
> Ici personne ne vous juge, à part vous-même !
>
> Nous sommes pires envers nous-mêmes que sont les autres. Sachez-le !
>
> Alors, écrivez, testez et recommencez...
> Vous verrez, ça marche
>
> Considérez vos échecs comme un apprentissage.
>
> Appliquez cette méthode, vous verrez les résultats sont fulgurants

# PLAN D'ACTION (SUITE)

## CONTENU 5 : ACTIVER SON RÉSEAU

Dans ce contenu, il s'agit de demander un retour sur LinkedIn. Créer de la proximité avec ses relations est une bonne chose.

## CONTENU 6 : PARTAGER SA VEILLE THÉMATIQUE

Reprendre les résultats de votre veille est possible. C'est même le plus accessible au début ! Pour cela, trouvez cinq articles pertinents à publier. Ce type de contenu n'a aucun intérêt si vous n'ajoutez pas votre opinion et/ou avis.

Utilisez l'outil Feedly pour mettre en place votre veille : *feedly.com*

## CONTENU 7 : COLLABORER

Ce format vous permet de capitaliser sur plusieurs audiences et d'atteindre plus facilement des personnes influentes. Je l'utilise pour la mise en place des interviews LinkedIn Outsider, pour rencontrer d'autres experts dans ma thématique. Vous pouvez tout à fait envisager de faire la même chose.

Rendez-vous sur ma chaîne YouTube pour retrouver mes interviews : *bit.ly/34zqnon*

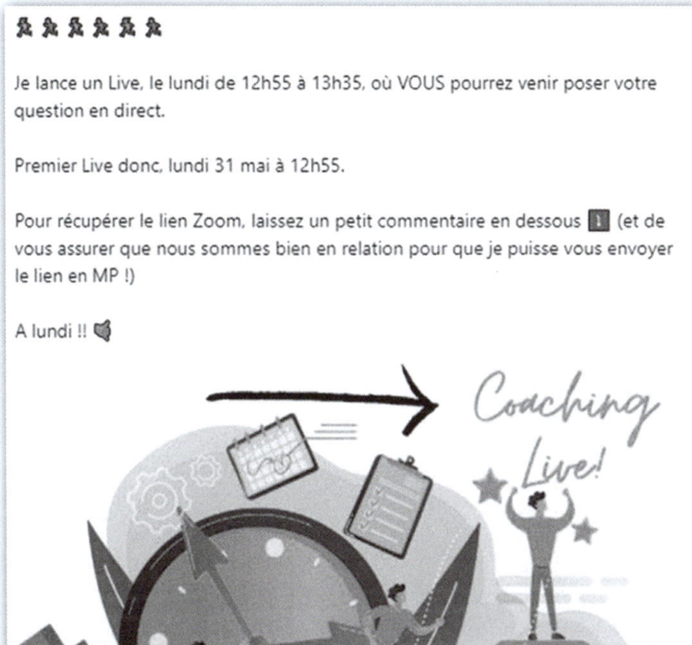

🏃🏃🏃🏃🏃🏃

Je lance un Live, le lundi de 12h55 à 13h35, où VOUS pourrez venir poser votre question en direct.

Premier Live donc, lundi 31 mai à 12h55.

Pour récupérer le lien Zoom, laissez un petit commentaire en dessous 1️⃣ (et de vous assurer que nous sommes bien en relation pour que je puisse vous envoyer le lien en MP !)

A lundi !! 📢

OUTIL 24

# InShot

## ? POURQUOI L'UTILISER ?

Les outils vus précédemment dans cet ouvrage sont accessibles directement depuis LinkedIn, mais ils sont insuffisants. Il en existe des complémentaires pour améliorer la visibilité de vos publications.

Le premier est une application mobile nommée InShot. Elle permet de retravailler vos vidéos pour :

- modifier leur format (1:1, 4:5, 16:9, etc.) ;
- changer leur résolution ;
- ajouter de la musique ;
- ajouter des stickers ;
- ajouter du texte ;
- ajouter des filtres ;
- découper la vidéo en plusieurs segments ;
- changer le volume sonore ;
- modifier la vitesse ;
- dupliquer la vidéo ;
- etc.

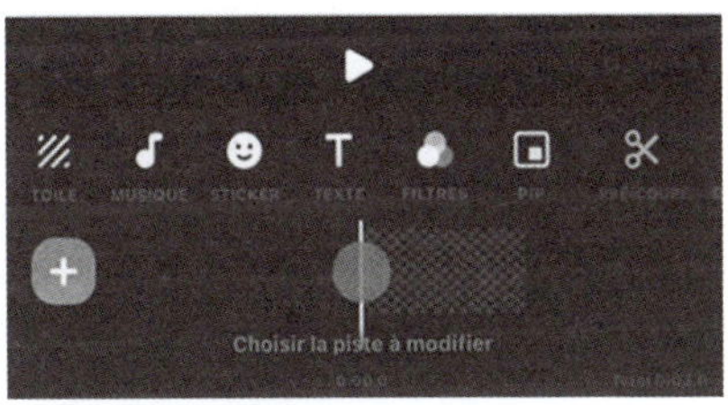


## COMMENT L'UTILISER ?

1. **Téléchargez l'application InShot** sur votre smartphone.
2. **Lancez l'application** pour accéder au menu d'accueil. Trois options s'offrent alors à vous : la création d'une vidéo, d'une image ou d'un collage.
3. **Choisissez parmi les vidéos de votre téléphone**. C'est à partir de cette étape que vous pourrez configurer votre contenu.
4. Une fois que votre travail de retouche est terminé, **cliquez sur l'icône en haut à droite de votre écran pour télécharger la vidéo** dans la galerie de votre smartphone.

Exemples d'outils disponibles sur InShot :

### Pour aller plus loin... :

- Le kit vidéo pour débutant sur LinkedIn :
- un trépied pour fixer votre téléphone ;
- un micro-cravate si le micro de votre téléphone fonctionne mal ;
- une bonne lumière naturelle ou un *led ring light* (anneau lumineux) ;
- l'application InShot pour faire le montage.

OUTIL 25

# Headliner

## ? POURQUOI L'UTILISER ?

Pour animer votre présence sur LinkedIn, le format vidéo est devenu un élément essentiel. En plus d'InShot, Headliner, nouvel outil externe, vous propose plusieurs fonctionnalités comme transformer et retravailler vos vidéos, mais surtout y intégrer des sous-titres très facilement.

Sur Headliner, trois modèles sont à votre disposition.

1. La transformation d'un fichier audio en vidéo.
2. La retranscription automatique d'un fichier audio.
3. Un logiciel de montage vidéo intégré pour partir d'un projet vierge.

Vous l'aurez compris, je recommande Headliner en priorité pour la prise en compte des sous-titres ; en effet, ces derniers peuvent augmenter la durée de visionnage de votre publication. Finalement, votre visibilité sera plus importante ! Je l'utilise ainsi, par exemple, pour réaliser des extraits d'interviews à diffuser directement depuis mon profil LinkedIn.

## COMMENT L'UTILISER ?

Dans la pratique, il vous suffit d'aller sur le site *headliner.app*. Il existe aussi une application mobile que je ne recommande pas pour débuter. Il vous faudra ensuite créer un compte pour bénéficier de toutes les fonctionnalités. L'outil vous guide alors pour créer votre vidéo.

Prenons l'exemple de l'enregistrement d'une conférence pour laquelle vous souhaitez ajouter des sous-titres.

1. **Sélectionnez le modèle « Vidéo transcript »** et votre fichier à télécharger.
2. **Choisissez la langue** pour les sous-titres.
3. **Sélectionnez « Français »** et Headliner se mettra à travailler pour vous : le temps de traitement dépendra de la taille du fichier et de votre connexion Internet.
4. Pour terminer, **contrôlez et modifiez si besoin le résultat, puis téléchargez le fichier en MP4**. Je vous conseille de prendre du temps pour bien vérifier la vidéo.

Headliner est un outil *freemium* (une partie gratuite et payante) ; il y aura une limitation de l'usage.

Voir Outil 24

### Pour aller plus loin...

- Le blog Headliner : *headliner.app/blog/*

# OUTIL 26 Swello

## ? POURQUOI L'UTILISER ?

Dans le cadre d'une animation régulière de votre profil personnel LinkedIn et pour atteindre vos objectifs, il est essentiel d'avoir une bonne régularité, car les réseaux sociaux sont un marathon. LinkedIn ne déroge pas à la règle.

L'outil français *freemium* Swello est ainsi une solution de programmation de publications, sans avoir à se connecter depuis son profil (cette fonctionnalité est de plus disponible pour les profils personnels et les pages « Entreprise »).

Dès lors, vous pouvez concevoir un véritable planning de publication à l'avance et optimiser votre temps concernant la diffusion. C'est donc une nouvelle façon de voir la publication de vos contenus ici.

## COMMENT L'UTILISER ?

1. **Créez un compte sur l'outil en ligne *swello.com/fr/*.**
2. **Testez toutes les fonctionnalités de l'outil** pendant la courte période proposée. Ensuite, vous pouvez garder la version gratuite avec une limitation à un réseau social ou souscrire à la version payante.
3. **Synchronisez votre profil LinkedIn** : vous aurez alors accès à de nombreuses fonctionnalités concernant l'analyse et la programmation.
4. **Commencez à programmer votre publication** en sélectionnant le réseau social LinkedIn. Lors de la composition de votre *post*, ajoutez différents éléments : des *hasthags*, des mentions de compte, des photos, des vidéos, des liens. À tout moment, il est possible de consulter l'aperçu de votre message.
5. Une fois terminé, **cliquez simplement sur le bouton « Programmer ce *post* ».** Tous les messages que vous programmez sont stockés dans l'onglet « *Post* en attente ».
6. **Contrôlez le résultat à tout moment**. Je vous conseille de fonctionner de cette manière au début.

Swello (*swello.com/fr/*) est une plateforme qui simplifie la gestion des réseaux sociaux pour les communicants. C'est un outil de productivité en trois temps, qui permet de faire de la veille, de la programmation et de l'analyse, sur quatre réseaux sociaux : Facebook, Twitter, LinkedIn et Instagram. À ce jour, la plateforme est utilisée par plus de 66 000 utilisateurs dont 400 grands groupes tels que Sony Pictures Video, Allianz ou encore le groupe IONIS (Epitech, ISEG, etc.). Découvrez le témoignage de son CEO pages suivantes.

### Pour aller plus loin…

- Le blog de Swello : *swello.com/fr/blog*
- Prévoyez vos publications en avance pour chaque mois. Il est aussi possible de « reprendre » votre contenu plusieurs fois (recyclage de contenu).

# Découvrez Swello

*Par Jonathan Noble,*
*CEO Swello*

### COMMENT SWELLO EST ARRIVÉ SUR LINKEDIN ?

Depuis notre création en 2010, nous avons à cœur d'améliorer sans cesse Swello. Après Twitter et Facebook, il nous paraissait logique et important d'ajouter un nouveau réseau social à l'outil tel que LinkedIn.

Nous avons ainsi intégré leur API (lien entre le réseau social, nos utilisateurs et nous) en juin 2018 et, comme avec les autres réseaux sociaux que nous supportons, nous gardons contact avec les équipes France et monde (États-Unis).

### QUELLES SONT LES FONCTIONNALITÉS PARTICULIÈRES DE SWELLO POUR LINKEDIN ?

Chez Swello, nous mettons à disposition de nombreuses fonctionnalités sur LinkedIn.

Vous pouvez créer un véritable calendrier éditorial en programmant votre contenu sur plusieurs jours/semaines, à vos meilleures heures de publication, sur vos pages et profils LinkedIn. Vous retrouverez également de nombreuses fonctionnalités disponibles nativement sur le réseau social, telles que la possibilité d'ajouter des photos ou une vidéo (modifiables *via* notre éditeur d'image fait maison (incluant vos *templates*, logos, etc.)), une carte lien personnalisable ou encore des émojis, des *hashtags* et des mentions (pages uniquement).

Mais ce n'est pas tout, un atout majeur de Swello reste ces fonctionnalités inédites :

- la prévisualisation de vos *posts* programmés en prenant connaissance de l'endroit exact où le lien « Voir plus » apparaît ;
- la possibilité de réduire vos liens avec un nom de domaine et un chemin personnalisés ;
- l'accès à notre *quality coach* vous conseillant sur la rédaction de votre *post* afin de toucher au mieux votre audience ;
- l'accès à des statistiques détaillées avec un top 10 de vos meilleures publications sur la période de votre choix et bien d'autres...

Notre but est de vous faire gagner en efficacité et en temps. La cerise sur le gâteau : vous pouvez tout à fait utiliser notre plateforme afin de mettre en place une campagne d'*employee advocacy*. Pour ce faire, grâce à la programmation simultanée et à l'ensemble de nos outils, vous pouvez préparer et proposer du contenu à vos ambassadeurs afin qu'ils le publient sur leurs réseaux sociaux.

## COMMENT UTILISEZ-VOUS LINKEDIN DANS VOTRE STRATÉGIE DIGITALE ?

Avant toute chose, il me semble important d'indiquer pourquoi une grande partie de notre équipe utilise LinkedIn chaque jour. Comme vous le savez sûrement, LinkedIn est le réseau social professionnel par excellence (BtoB), celui sur lequel se placent nos concurrents et surtout celui sur lequel se trouve notre cible : les communicants.

Au fil des mois, nous avons donc créé plusieurs rendez-vous avec et pour notre cible. Nous partageons entre autres nos nouvelles fonctionnalités (acquisition), les coulisses de notre entreprise (afin de montrer qui se cache derrière notre produit). Tous les mardis et jeudis, nous partageons nos articles de blog. Les autres jours, nous partageons de nombreuses astuces *via* des carrousels PDF (format qui génère énormément d'engagement actuellement) et nous créons des ressources telles que des livres blancs pour appuyer notre légitimité, booster notre notoriété et se positionner en tant qu'experts de notre domaine.

La stratégie LinkedIn que nous mettons en place est non seulement un relais de nos actions mais également un lieu pour fédérer nos clients et prospects. Nous réfléchissons aussi à intégrer des campagnes d'influence avec certains créateurs de contenu pour booster notre visibilité et augmenter nos ventes.

## QUELLES SONT VOS BONNES PRATIQUES POUR RÉUSSIR SUR LINKEDIN ?

Voici six bonnes pratiques pour réussir sur LinkedIn d'après moi (liste non exhaustive).

**1. Restez humble, sincère et humain :** il est important de rester vous-même, de ne pas vous forcer à publier pour publier et de vous mettre à la place de votre audience pour créer du contenu à forte valeur ajoutée. Et surtout : ne copiez pas ! Cela peut être tentant de reprendre une publication si celle-ci génère beaucoup d'engagement, mais vous avez assez de connaissances dans votre domaine d'expertise pour créer du contenu exclusif et briller.

**2. Apportez de la valeur à votre communauté :** ne faites pas uniquement de la publicité pour votre produit/service. Apportez de la valeur à votre communauté afin qu'elle se souvienne de vous : livres blancs, *slides*, conférences, *lives*, articles, veille... Devenez expert de votre domaine.

**3. Postez de manière récurrente :** peu importe le nombre de *posts* que vous publiez par semaine (les recommandations sur LinkedIn seraient entre 3 et 4 fois par semaine). Le plus important à mes yeux est de créer un rendez-vous pour fidéliser votre audience et par la même occasion habituer l'algorithme afin qu'il vous offre plus de visibilité.

**4. Répondez aux commentaires et aux partages qui vous citent :** afin de créer une communauté engagée, nous avons remarqué qu'il était primordial d'échanger, de répondre et de remercier les membres de celle-ci, le but étant de créer du lien et d'estimer chaque intervention afin de convertir les membres de votre communauté en ambassadeurs.

**5. Mettez en place l'employee advocacy :** travailler en équipe est une force ! Aux débuts de Swello, j'étais seul sur le projet et touchais 1 000 personnes à chaque *post* LinkedIn. Aujourd'hui, à sept, nous pouvons toucher 1 000x7 personnes (chiffres aléatoires pour l'exemple). Si votre équipe le souhaite, il est pertinent qu'elle publie des informations relatives à votre entreprise au fil des jours. Ce qui est intéressant, c'est qu'une même information peut être abordée par différents prismes, en fonction du métier de chacun. De quoi se placer de nouveau en tant qu'expert.

**6. Testez, testez et retestez :** chaque secteur, chaque communauté et chaque cible sont uniques. Il est important de lire le plus de conseils possible avant de tester et de garder uniquement ce qui fonctionne ensuite pour vous.

# PLAN D'ACTION 6

## Devenez un média et sortez de la majorité silencieuse

Comme évoqué plusieurs fois dans ce dossier, LinkedIn se transforme et devient aujourd'hui une plateforme de diffusion de contenu. Vous pouvez ainsi devenir un média, même si vous avez 50 relations.

Je dis souvent que votre contenu sera votre meilleur prétexte, votre meilleure excuse, mais les règles et les usages évoluent. Et c'est votre rôle de vous en emparer. Voyons donc quelques recommandations pour passer à l'action.

### JOUEZ AVEC LES FORMATS

Tout d'abord, il est conseillé de varier les formats. **Le plus simple est de débuter par des *posts* avec du texte seul**. Il a en effet été constaté que les utilisateurs lisent plus sur LinkedIn par rapport aux autres réseaux sociaux. C'est donc un modèle que j'utilise beaucoup et qui permet de développer une vraie réflexion sur des sujets.

Pour cela vous disposez d'une large palette de fonctionnalités disponibles pour varier vos formats. **Le format document-carrousel ainsi que la vidéo sont les plus plébiscités.**

### PRENEZ GARDE AUX LIENS EXTERNES

Les contenus externes sont pénalisés, car lorsque vous publiez un lien vers un article, l'utilisateur sort de LinkedIn en cliquant dessus. Or, l'algorithme de LinkedIn tend à faire rester ses utilisateurs sur la plateforme.
**Je vous conseille donc d'éviter (surtout au début) de mettre des liens externes** pour maximiser la visibilité de vos publications.
On parlera alors plutôt de contenu natif pour que le visiteur reste sur LinkedIn lorsqu'il consulte votre message, conseil qui doit s'appliquer à tous vos contenus : **privilégiez toujours un post en natif.**
C'est pour cela qu'il est recommandé de construire son propre contenu.

Voir Outils 20 et 21

## SACHEZ VOUS METTRE EN AVANT

Au sujet des messages et de la nature de vos publications, je constate régulièrement une erreur majeure. La plupart des contenus sont publiés pour montrer des produits, des savoir-faire, des compétences, CV, etc. De mon point de vue, c'est une bonne chose car vous venez sur LinkedIn pour une bonne raison. Néanmoins, ce n'est pas la bonne méthodologie.

Les deux éléments fondamentaux pour émerger et être repéré sur la plateforme sont de **réaliser tout votre contenu à destination des personnes que vous souhaitez atteindre** (partenaires, prospects, recruteurs, etc.) et de **s'exprimer sur les bénéfices et les solutions que vous apportez**.

Personnellement, je me considère comme un conseiller pour mon audience. Adoptez le même état d'esprit à partir de maintenant. Plutôt que demander que l'on vous sollicite, donnez une raison pour...

## OSEZ VOUS MONTRER

Évoquons maintenant une réalité souvent oubliée par les utilisateurs. Le profil LinkedIn concerne une personne physique et réelle. C'est très simple à comprendre, alors pourquoi ne voulez-vous pas accepter le côté voyeur du réseau ? Cela ne veut pas forcément dire que vous devez vous comporter comme sur Instagram en racontant votre vie. Je recommande plutôt de **documenter votre quotidien via vos analyses, vos avis, vos réflexions.** Vous n'êtes pas à l'aise avec ce principe ? Le plus simple est alors de commencer par analyser le travail des autres.

## SOYEZ RÉGULIER

Dernier point nécessaire et aussi déterminant que les autres : **la régularité**. Après la lecture de ce livre, vous changerez peut-être d'état d'esprit sur LinkedIn en devenant un média. Mais cela ne servira à rien sans effort sur la durée.

Si je prends mon cas personnel, je travaille beaucoup pour obtenir un effet cumulé (le résultat de vos petites actions quotidiennes) sur la durée. C'est la même chose pour votre contenu : **fixez-vous un moment chaque semaine pour réaliser des publications**. Commencez par un temps court, comme 15 minutes, puis augmentez progressivement ce temps hebdomadaire.

On me pose aussi souvent cette question concernant la fréquence. C'est encore une erreur selon moi. C'est uniquement votre capacité à trouver des sujets qualitatifs qui définira votre fréquence.

En conclusion, notez dès à présent ce que vous devez mettre en place comme actions pour sortir de la majorité silencieuse.

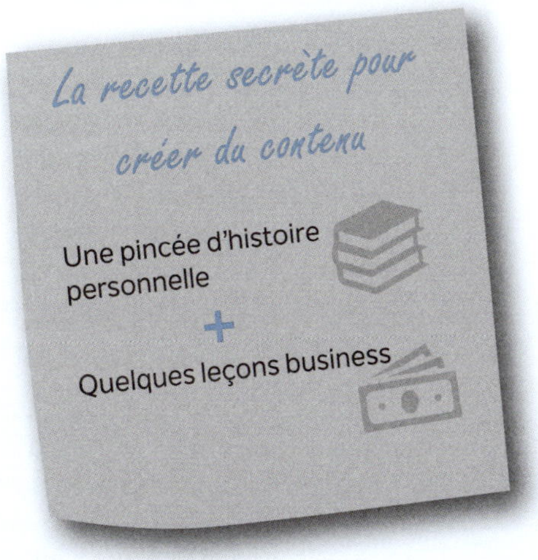

DOSSIER 4

# DÉVELOPPEZ UN RÉSEAU D'OPPORTUNITÉS PROFESSIONNELLES

Qu'allez-vous retenir de LinkedIn dans ce dernier dossier ? Tout simplement le plus important : LinkedIn doit être utilisé pour construire avant tout des relations fortes.

Précédemment, nous avons mis en exergue la création de contenu sur le premier réseau social professionnel. Cela représente vos actions visibles de tous (vos relations), mais il existe aussi des actions moins visibles et pourtant tout aussi essentielles.

Prenons de nouveau mon cas personnel pour illustrer ce propos : je génère tous les jours des conversations en privé depuis mon profil personnel pour ajouter et renforcer mes relations. Je recommande de faire la même chose avec les bonnes méthodes.

## RECHERCHEZ ET TROUVEZ RAPIDEMENT VOS FUTURES RELATIONS

Un bon moyen de parvenir à avoir de nouvelles relations réside dans l'utilisation du moteur de recherche LinkedIn. Il vous permettra d'identifier et de converser avec les bonnes personnes. C'est la véritable puissance du réseau comme je le mentionnais dans l'introduction de ce livre ; c'est un « carnet d'adresses à ciel ouvert ».

Mais cette opportunité peut aussi avoir un effet pervers puisqu'on constate régulièrement que l'utilisation de LinkedIn est orientée exclusivement vers la prospection commerciale (à titre d'exemple, je reçois régulièrement des messages non désirés). Alors, ne reproduisez pas ce que vous n'avez pas apprécié (gardez toujours cela en tête) et travaillez sur la durée. Un réseau d'influence ne se fait pas un jour… et demande de la patience !

# IDENTIFIEZ LES BONS SIGNAUX POUR DÉCLENCHER UNE CONVERSATION

Afin d'éviter un effet négatif, il existe des signaux à interpréter pour maîtriser l'art de la conversation. Plusieurs seront présentés dans ce dossier pour vous aider concrètement. Il convient de les manier avec précautions. Plus votre profil sera actif, plus ces signaux seront présents et pertinents.
Ainsi, intégrez-les au plus tôt dans votre routine LinkedIn : il vous faudra certes de la discipline pour réussir, surtout si vous commencez votre exploration, mais ils vous permettront de commencer dès maintenant à vous construire des opportunités « choisies » et non celles de la masse !

> Finalement, ajouter une personne sur LinkedIn est juste le début de votre travail et inversement.

## LES OUTILS


**27** Un flux d'actualité qualitatif 96

**28** La messagerie, votre allié 98

**29** Le *targeting* 100

**30** Les signaux à interpréter 104

**31** Les nouveaux abonnés de la page « Entreprise » 106

**32** Calendly 110

OUTIL 27

# Un flux d'actualité qualitatif

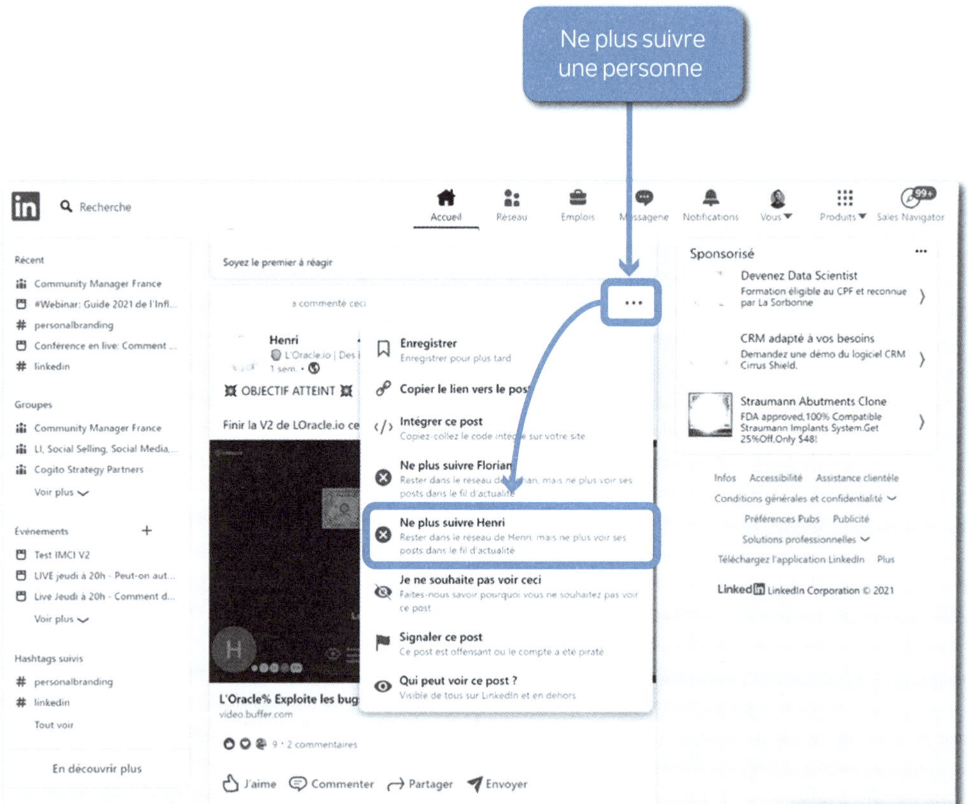

## ? POURQUOI L'UTILISER ?

Même si je recommande la création de contenu assez rapidement sur LinkedIn, j'ai aussi conscience qu'il peut s'agir d'un grand pas à faire lorsqu'on débute sur la plateforme. Voici donc une manipulation facile à mettre en place au quotidien pour interagir avec votre réseau : gérer son flux d'actualité.

C'est un moyen simple de commencer à montrer vos compétences, vos expertises, etc. Par exemple, lorsque vous montrez votre intérêt pour une publication, votre réseau pourra le voir.
Pour bien comprendre, je vous conseille d'aller sur votre fil d'actualité et de consulter un *post* avec plusieurs commentaires (plus de dix) : vous verrez que LinkedIn n'affiche pas l'ensemble des commentaires ou des interactions, mais seulement ceux des personnes en relation avec vous. Raison pour laquelle, vous devez mettre en place un fil d'actualité qualitatif, adapté à votre profil et vos objectifs pour multiplier vos chances d'interagir.

## COMMENT L'UTILISER ?

Le but n'est pas de passer trop de temps sur ces actions pouvant être chronophages. Cependant, dans la pratique, choisissez de ne plus suivre certaines de vos relations pour que votre flux d'actualité soit le plus qualitatif possible selon vos besoins.

1. Sur chaque publication LinkedIn, **cliquez en haut à droite du message sur la fonctionnalité « Ne plus suivre » pour l'activer**. Vous donnez alors l'information au réseau social que vous souhaitez moins voir les contenus de cette relation.
Attention, la personne reste dans vos relations : on parle ici de la visibilité des contenus qu'elle partagera à l'avenir.
2. **Faites ce travail régulièrement** au début et si votre réseau s'étoffe avec le temps.
3. **Obtenez un flux d'actualité plus qualitatif**. Vous n'avez donc plus qu'à consacrer un temps chaque semaine pour mettre en place cette pratique.

Certains de mes clients ont vu leur visibilité augmentée juste en mettant en place cette pratique. Cependant, n'oubliez pas de toujours privilégier la qualité à la quantité.

### Pour aller plus loin…

- Les interactions à privilégier sont en premier lieu les commentaires en ajoutant de la réflexion. Les *likes* dans une moindre mesure.
- Concernant les partages, je conseille de les éviter : si vous devez valoriser le travail de votre entreprise ou d'une autre organisation, préférez le commentaire.

# OUTIL 28

# La messagerie, votre allié

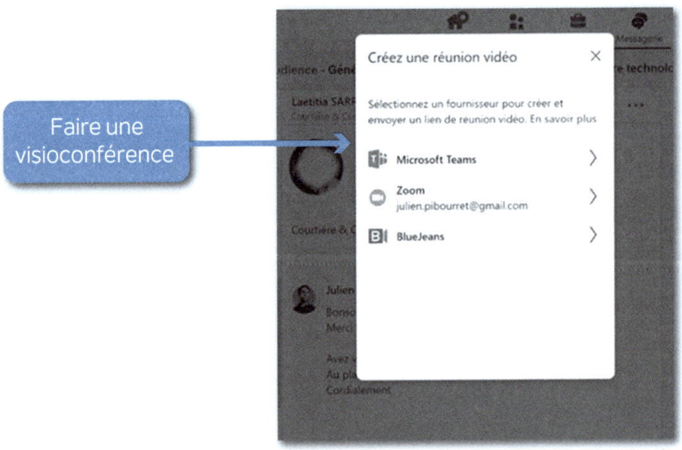

## ? POURQUOI L'UTILISER ?

La dimension business prend une place importante et représente une réelle opportunité sur LinkedIn. Et c'est ici que vous distinguez l'usage de la messagerie.

Votre messagerie, c'est la possibilité d'avoir des conversations avec vos cibles (partenaires, clients, décideurs, etc.). Par cet usage, des personnes vous solliciteront régulièrement, notamment en vous posant des questions. L'activité de la messagerie est ainsi moins visible que la publication de contenu, mais je vous recommande de ne pas la mettre de côté : elle sera votre alliée pour toucher vos cibles ou rencontrer des experts de votre domaine.

Une opportunité entraîne cependant toujours une implication personnelle pour animer et répondre à votre réseau. De cette manière, *via* votre messagerie, vous établirez de vraies relations dans le temps.

## COMMENT L'UTILISER ?

L'utilisation de la messagerie n'est possible uniquement avec vos relations. Si vous souhaitez envoyer un message à une personne qui n'est pas dans votre réseau LinkedIn, vous aurez besoin de la version premium pour envoyer dans ce cas des « InMails ».

1. **Rendez-vous dans votre messagerie LinkedIn** et choisissez un contact à qui envoyer un message.
2. Une fois dans une conversation, vous pouvez : **envoyer une pièce jointe, ajouter une image, ajouter des smileys, insérer un lien vers une visioconférence...**
3. **Ajoutez, si vous le souhaitez, des messages audios** (possible uniquement sur mobile). Je vous conseille de tester cet usage : il n'est pas encore très répandu, mais je l'ai essayé de mon côté et je dois dire qu'avec mon accent du sud-ouest, je ne passe pas inaperçu lorsque je laisse un message audio !

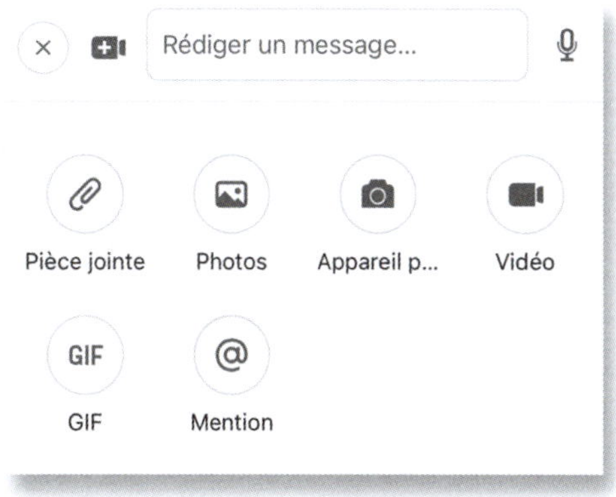


La messagerie est une réelle opportunité pour vous démarquer et communiquer avec votre réseau. Pensez à toujours envoyer des messages personnalisés à vos contacts.

### Pour aller plus loin...

- La messagerie LinkedIn demande un travail de conversation et de relance. Vous avez sans doute des messages non lus depuis votre profil LinkedIn.
- N'hésitez pas à solliciter en message privé vos relations quand vous avez un évènement ou une actualité. C'est un bon moyen de relancer la conversation.

OUTIL 29

# Le *targeting*

## ? POURQUOI L'UTILISER ?

Sur LinkedIn, chaque relation représente une opportunité. Néanmoins, vous ne devez pas ajouter uniquement des personnes que vous connaissez, mais avoir en tête cette unique question : qui souhaitez-vous dans votre réseau ?

C'est ce qu'on appelle le *targeting* (cible). Quelques exemples pour comprendre : responsable pédagogique, commercial, avocat pénaliste, chef de projet digital, développeur Python, etc. À partir des réponses que vous obtiendrez en fonction de cette question, il vous sera dès lors plus facile de chercher des profils intéressants, voire d'en identifier plusieurs.

De plus, LinkedIn vous permet d'effectuer des recherches très précises avec des filtres, fonctionnalité sous-estimée par les utilisateurs mais pourtant essentielle dans votre *targeting*. LinkedIn est un point de contact supplémentaire par rapport à votre réseau physique existant. Utilisez-le de la meilleure des manières.

## COMMENT L'UTILISER ?

1. **Rendez-vous dans la barre de recherche** depuis l'accueil de LinkedIn.
2. **Effectuez une recherche par fonction, métier ou poste de travail**. Le réseau social vous propose alors une première liste.
3. **Cliquez sur le filtre « Personnes »**. LinkedIn affiche alors de nouveaux résultats plus ou moins exacts (la mention « environ » à gauche du nombre). Enfin, dans le filtre « Mes relations », repérez si vous connaissez directement la personne ou si une personne de votre réseau la connaît.
4. **Entrez en relation avec au minimum deux cibles** : la première sera un professionnel comme vous et la seconde un prescripteur ou un expert avec une autorité dans votre secteur d'activité.

Les trois cercles de relation sur LinkedIn :

- Le 1er cercle correspond aux personnes en relation avec vous. Vous pouvez par exemple échanger directement en privé avec eux.
- Le 2e cercle correspond aux personnes que vous ne connaissez pas directement, mais qu'une personne de votre 1er cercle connaît. Elle peut alors vous mettre en relation. Je vous conseille d'utiliser ce filtre si vous avez déjà un nombre de relations assez important, plus de 500 par exemple.
- Le 3e cercle signifie tout simplement que vous et les personnes de votre réseau ne connaissez pas cette personne.

Plus vous avez des relations qualitatives, plus vous augmentez vos chances d'atteindre plus facilement de nouvelles personnes. C'est tout simplement la dynamique d'un réseau.

### Pour aller plus loin...

- Chaque recherche LinkedIn s'affiche dans une adresse URL. Il est alors possible d'enregistrer les résultats dans un document avec tous les filtres utilisés. Le lien URL se mettra à jour dans le temps.
- Utilisez les opérateurs booléens (IN, OR, AND, les guillemets ou les parenthèses) pour affiner vos recherches et comparez les résultats.
- Les conseils de LinkedIn pour intégrer les opérateurs booléens : *bit.ly/3yXrITU*

# PLAN D'ACTION 7

## Ajoutez une nouvelle relation

Les réseaux sociaux nous font oublier quelques comportements rudimentaires lors de nos interactions sociales. LinkedIn n'échappe pas à la règle. Il est donc vivement recommandé d'expliquer pourquoi vous voulez ajouter une nouvelle relation dans votre réseau.
Une fois ce rappel important, il est indispensable de rédiger une note personnelle selon certaines étapes.

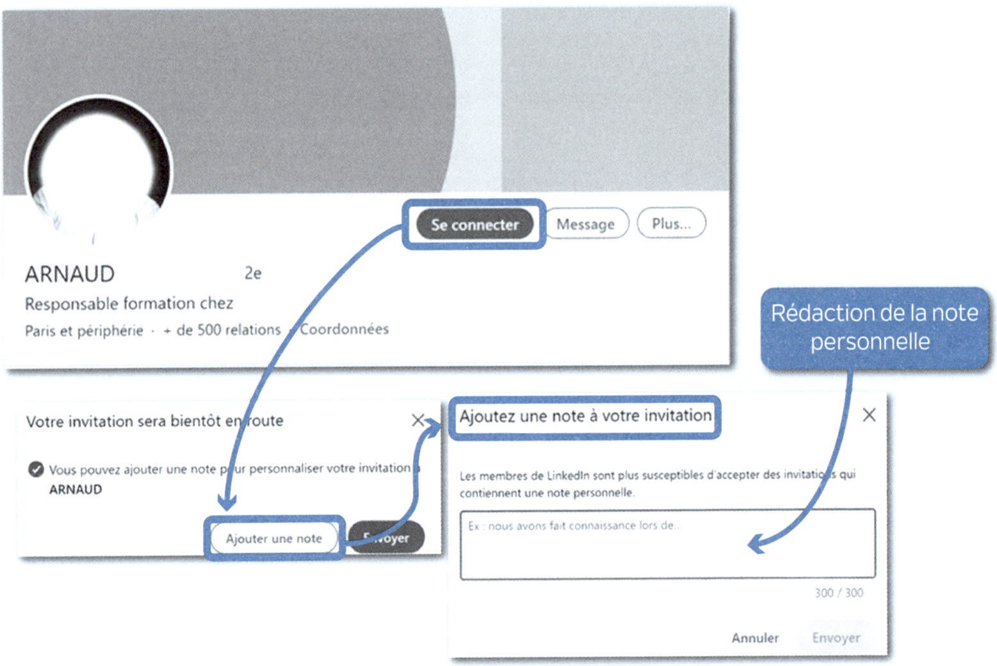

## LES TROIS RÈGLES POUR RÉDIGER UNE NOTE PERSONNELLE

1. **Règle numéro 1 :** Pas de familiarité dans la première ligne avec le prénom par exemple. Le nom de famille sera préférable au début, d'autant plus si vous ne connaissez pas la personne.
2. **Règle numéro 2 :** Montrez le point en commun avec votre future relation. Concrètement, rassurez la personne en une phrase sur vos intentions et contextualisez rapidement votre message.
3. **Règle numéro 3 :** Concluez avec une formule de politesse qui n'engage pas la personne.

### Un exemple pour passer à l'action

**Imaginez : vous êtes en formation pour apprendre le métier de *community manager* (gestion des réseaux sociaux) à Paris. Vous souhaitez ajouter sur LinkedIn des professionnels de cette profession.**

- **Exemple de note 1**
  *Bonjour Monsieur/Madame X,*
  *Comme vous, je m'intéresse en ce moment à l'univers des réseaux sociaux.*
  *Je souhaite donc rejoindre votre réseau pour échanger avec vous.*
  *Cordialement*
  *Votre nom*

- **Exemple de note 2**
  *Bonjour Madame/Monsieur X,*
  *J'ai vu vos publications très intéressantes sur les réseaux sociaux.*
  *Je souhaite donc rejoindre votre réseau pour m'entourer de professionnels comme vous.*
  *Cordialement*
  *Votre nom*

## LA NOTION ESSENTIELLE POUR RÉUSSIR

Ne soyez pas dans une posture de demandeur : ne demandez pas quelque chose dès le début. Votre premier objectif doit être de vous intéresser sincèrement à la personne, son parcours et ses expériences.

OUTIL 30

# Les signaux à interpréter

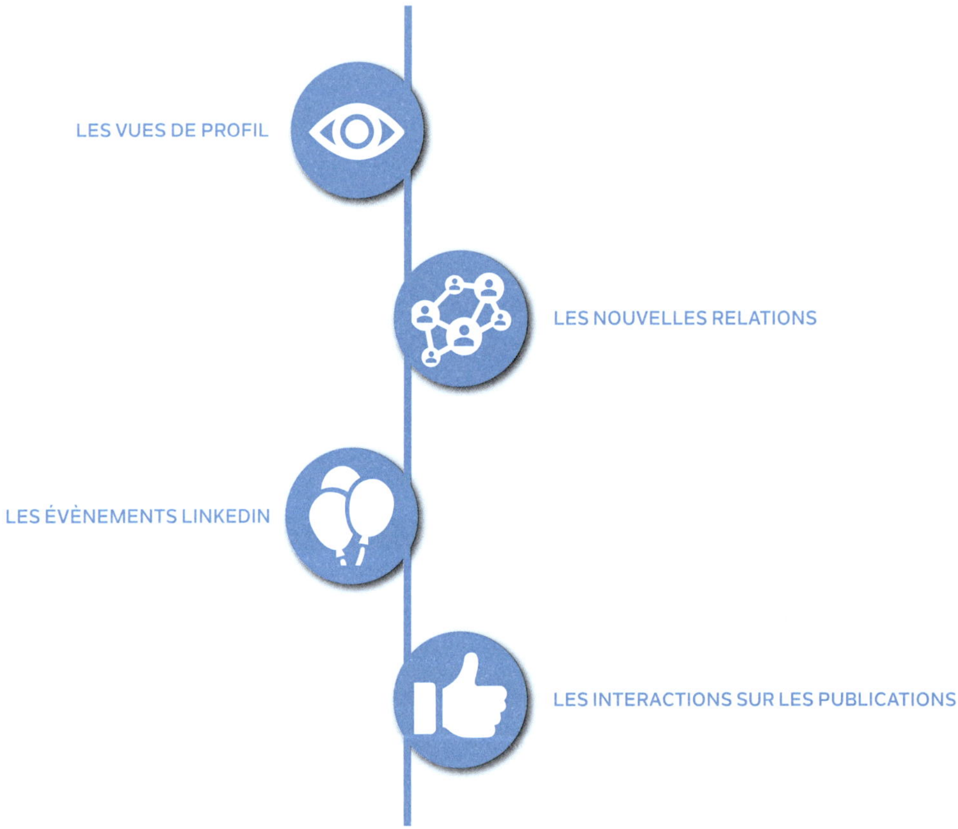

## ? POURQUOI L'UTILISER ?

Pour développer un réseau professionnel d'opportunités, il est important d'avoir cet objectif constamment à l'esprit. La vérité de vos actions sur LinkedIn ne se situe pas au niveau de votre nombre de relations, mais avec les conversations professionnelles que vous allez engager. C'est le vrai pouvoir de cette plateforme.

Dans les outils précédents, nous avons vu que le contenu peut devenir votre meilleur prétexte. Nous allons maintenant identifier des signaux favorables pour déclencher des conversations. On appelle cela la prospection inversée. À la différence du *targeting*, cette approche sera moins directe.

Au quotidien, la prospection inversée permet de rencontrer plus facilement des opportunités selon les personnes à atteindre sur LinkedIn.

## COMMENT L'UTILISER ?

Il existe plusieurs signaux à interpréter. Passons en revue la liste non exhaustive des possibilités.

1. **Signal 1 : les invitations pour entrer en relation avec vous sur LinkedIn**. C'est un signe fort très peu exploité sur le réseau social et je n'ai jamais compris pourquoi. Certainement une méconnaissance des usages. Si la personne correspond au public que vous recherchez, c'est à vous de réaliser le premier pas.
2. **Signal 2 : les interactions sur vos contenus**. Cela montre un intérêt concernant les messages que vous diffusez. Peu de personnes font la démarche d'interagir plus longuement après un commentaire, un *like* sur un contenu et, pourtant, vous aurez de très bonnes surprises.
3. **Signal 3 : les vues de profils**. Dans ce cas, il vous faudra un compte premium pour les visionner au fur et à mesure. J'utilise quotidiennement ce signal pour engager des conversations.
4. **Signal 4 : les évènements LinkedIn**. Cette fonctionnalité se développe de plus en plus sur tous les sujets. Si vous participez à un évènement, vous pouvez consulter la liste de tous les participants. Encore un signal fort pour cibler des profils correspondants à votre domaine.

Il existe d'autres signaux à interpréter sur le premier réseau social professionnel. En voici quelques exemples : les interactions sur des publications virales dans votre thématique ; les personnes qui recommandent vos compétences ; les anniversaires professionnels ; les participants à un module de formation LinkedIn Learning ; les membres d'un groupe ; etc.

### Pour aller plus loin...

- **La prospection inversée n'est valable que si vous êtes actif sur LinkedIn.**
- **Après avoir repéré un signal, engagez des conversations dans un délai maximum de 72 heures. Il arrive alors que les personnes ne se souviennent pas du signal.**
- **Ne soyez pas en demande dès le premier message.**
- **Un premier message ne sera pas tout le temps suffisant. C'est ici que commence le vrai travail sur LinkedIn.**

OUTIL 31

# Les nouveaux abonnés de la page « Entreprise »

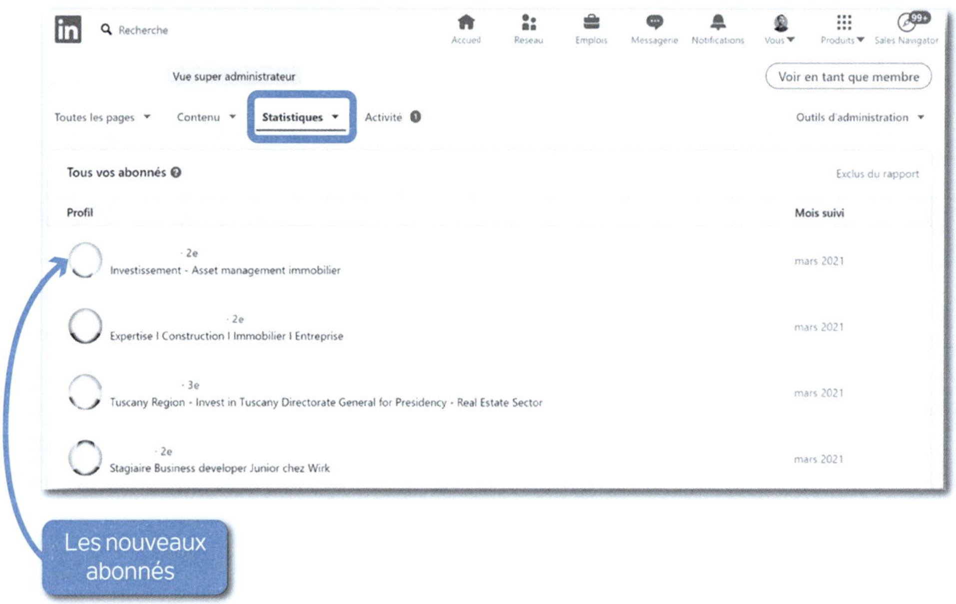

## ? POURQUOI L'UTILISER ?

Ce livre est surtout orienté vers les opportunités des profils personnels. Cependant, il existe bien évidemment des opportunités professionnelles également pour les pages « Entreprises ».

À ce titre, vous pouvez connaître l'identité de tous vos nouveaux abonnés, soit un autre moyen de développer vos relations et de déclencher des conversations. C'est de nouveau un signal pertinent à utiliser dans votre exploration de LinkedIn. Je le conseille notamment pour alimenter vos ambassadeurs sur des nouvelles personnes à solliciter et ainsi mettre en place l'*employee advocacy* (stratégie ambassadeur, salarié).

C'est une action que je recommande souvent lorsqu'on me sollicite : l'*employee advocacy* permet en effet de maximiser la visibilité des messages pour l'entreprise avec la collaboration des autres salariés, et de favoriser le fonctionnement actuel du réseau social en mettant en avant les profils personnels plutôt que les pages « Entreprises ». Commencez donc par faire une simple expérience en comparant la visibilité de votre page « Entreprise » et celles de quelques salariés pour en apprécier les résultats.

## COMMENT L'UTILISER ?

Vous devez être administrateur d'une page « Entreprise » pour avoir accès aux statistiques de la page. Il est possible d'avoir plusieurs ambassadeurs sur plusieurs pages.

1. **Rendez-vous dans la catégorie « Statistiques » et « Abonnés »**. Vous disposez maintenant d'une liste avec tous les profils personnels qui sont abonnés à votre page « Entreprise ».

LinkedIn vous donne en plus deux indications qualitatives : le niveau de cercle du nouvel abonné par rapport à vous (1er, 2e, 3e +) et depuis quand il est abonné.

2. **Entrez directement en relation avec ces personnes pour développer le réseau de votre page « Entreprise »**. Cela permettra, par exemple, d'enclencher une démarche de bouche-à-oreille qui vous sera bénéfique. Un e-mail hebdomadaire est envisageable pour avertir les bonnes personnes *via* un profil personnel d'un ambassadeur.

### Pour aller plus loin...

- Comment voir les statistiques sur les nouveaux abonnés de votre page « Entreprise » : *bit.ly/2S3qANR*

# Trouvez vos premiers prospects

*Par Julien Bréal,*
*créateur de LaDiscipline.co*

## QUEL EST L'OBJECTIF DE LADISCIPLINE.CO ?

Il s'agit d'une communauté de com merciaux qui s'aide mutuellement pour générer des prospects BtoB sur Internet.

## AVANT DE LANCER SA PROSPECTION COMMERCIALE SUR LINKEDIN, QUELS SONT LES TROIS POINTS ESSENTIELS À CONNAÎTRE ?

Pour réussir sa prospection, il est essentiel de travailler sur trois points : une cible claire, un fichier de prospection qualifié, un script de messages.

- **Une cible claire :** pour démarrer, il est conseillé de créer de petites campagnes pour tester ses messages en y intégrant entre 20 à 50 prospects maximum. Le mieux est de lancer deux campagnes avec deux scripts différents. On pourra alors comparer les messages dans le temps et savoir quels sont ceux qui génèrent le plus de réponses.
- **Un fichier de prospection qualifié :** si vous créez votre fichier à partir de Sales Navigator ou que vous l'achetez, il est essentiel de faire un premier travail « à la main » pour lire le fichier et supprimer les lignes inutiles. Cela prend un peu de temps mais permet de s'assurer de partir d'un fichier propre.
- **Un script de message :** rédigez un script avec le premier message d'invitation ainsi que pour deux ou trois messages de relance.

## QUELLES SONT LES ÉTAPES D'UNE CAMPAGNE DE PROSPECTION SUR LINKEDIN ?

Il y a quatre étapes pour réussir sa campagne de prospection sur LinkedIn que je peux lister :

1. Une bonne cible
2. Un bon fichier
3. Un bon message
4. Un objectif clair

## POUVEZ-VOUS EN DIRE PLUS SUR CHAQUE ÉTAPE ?

- Pour déterminer une bonne cible, il est toujours préférable de **segmenter**. Il y a d'ailleurs plusieurs façons de segmenter sa cible. Vous pouvez le faire par lieu géographique, années d'expérience, écoles fréquentées, anciennes entreprises ou par fonctions. Par exemple, entre un directeur commercial qui a deux ans d'expériences et un autre dix ans d'expériences, il y a une différence d'approche de son rapport à l'entreprise. Comme précisé juste avant, vos campagnes de prospection doivent démarrer avec 20 à 50 prospects pour tester vos messages.
- Pour avoir un bon fichier, **utilisez Sales Navigator** pour démarrer votre liste puis prenez le temps de nettoyer votre liste. Je vous conseille également d'utiliser les expressions booléennes pour supprimer rapidement les stagiaires ou les étudiants qui se sont glissés dans votre liste.
- Pour rédiger de bons messages, vous devez **faire preuve d'empathie**. Une bonne façon de faire est d'orienter vos messages vers le (ou les) problème(s) de vos prospects et non dans la présentation de votre société.
- Enfin, un objectif clair sur LinkedIn est de **générer des conversations en ligne** et non de vendre. Si vous vendez dès les premières lignes, cela ne fonctionnera pas.

## QUELLES SONT LES ERREURS À ÉVITER ?

Les erreurs que j'ai faites au début sont d'avoir voulu créer des listes de plusieurs milliers de prospects. C'est une mauvaise façon de démarrer pour deux raisons.

D'abord, en voulant contacter des milliers de prospects, vous risquez de « griller » votre compte LinkedIn. Il faut démarrer par un nombre d'invitations entre 5 à 10 et monter en puissance semaine après semaine. Cela peut être surprenant mais il faut commencer par petit pour éviter de voir son compte bloqué par LinkedIn.

Deuxième raison, vous risquez de vous griller auprès de vos prospects en rédigeant un script de message sans l'avoir testé auparavant. On a tendance à être impatient et à vouloir contacter rapidement beaucoup de personnes, sans être créatif dans son approche. Pourtant, tous les messages de prospection se ressemblent, alors comment se différencier et obtenir des réponses sérieusement ? C'est là où vous devez tester des approches différentes. Vous devez utiliser les sentiments pour générer des réponses comme l'humour, la curiosité, le mystère.

## POUVEZ-VOUS PARTAGER QUELQUES SECRETS POUR RÉUSSIR SA CAMPAGNE ?

- Un premier secret : **personnalisez votre message**. Bien sûr, utilisez le prénom ou le nom de famille mais si vous pouvez ajouter le nom de l'entreprise ou utiliser le nom de la ville pour ajouter un sentiment de proximité, c'est un excellent moyen d'augmenter ses réponses.
- Un deuxième secret que j'ai déjà partagé : **commencez par des campagnes de 20 à 50 prospects** maximum pour tester votre script.
- Enfin, un troisième secret : **la persévérance**. N'hésitez pas à relancer vos prospects même un mois après la fin d'une campagne et tenter de nouvelles approches. Cela vous permettra d'aller chercher 10 à 20 % de prise de contact supplémentaire.

OUTIL 32

# Calendly

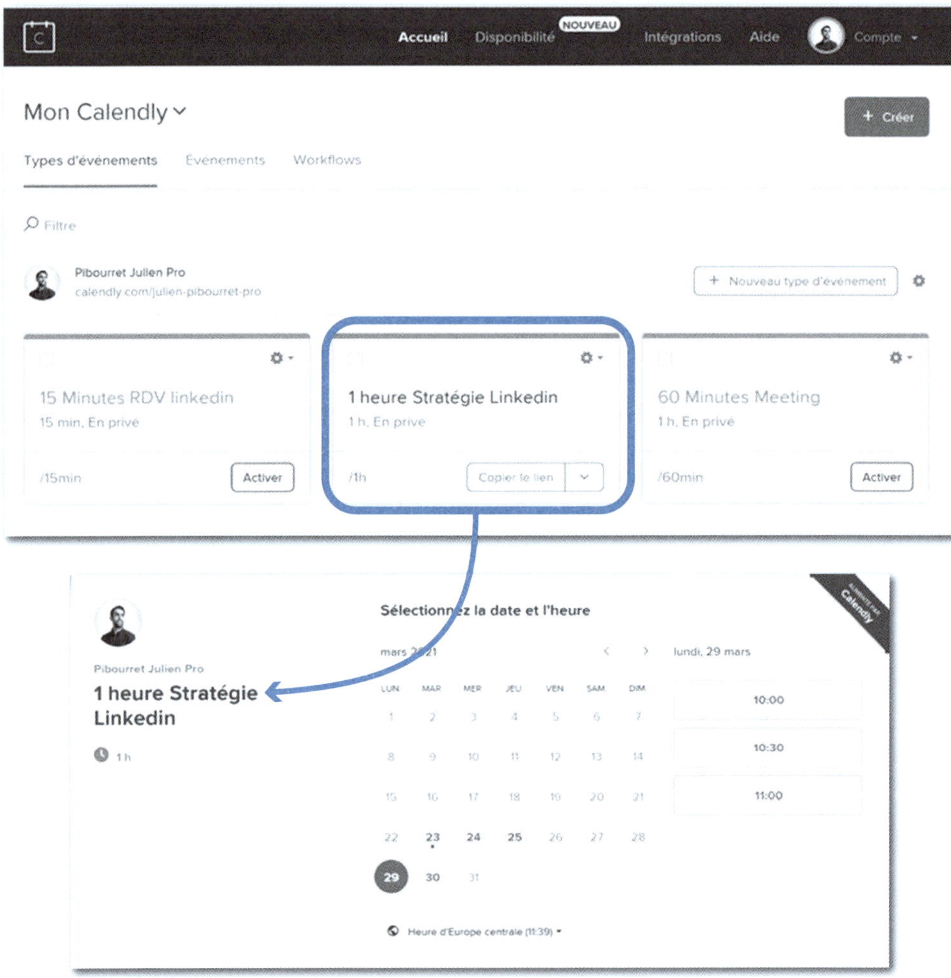

## ? POURQUOI L'UTILISER ?

Pour renforcer vos opportunités sur LinkedIn, vous n'êtes pas restreint à interagir uniquement en public aux publications ou en privé avec la messagerie. Il est conseillé d'avoir un échange plus important avec des membres de votre réseau, et donc de vous libérer du temps pour ce faire.

Ainsi, avec l'outil Calendly, plus de problème d'agenda et d'échanges fastidieux pour valider un créneau. Il vous permet facilement de définir des plages horaires pour vous solliciter. De plus, une synchronisation est possible avec vos logiciels d'agenda (Google Agenda, agenda de votre téléphone, etc.). C'est dès lors un moyen rapide de prendre un rendez-vous téléphonique avec vous, par exemple. De plus, l'outil prend en compte la visioconférence pour interagir différemment.

J'utilise Calendly au quotidien car il me rend un grand service pour aller plus vite et ne plus perdre de temps sur mes prises de rendez-vous. La navigation sur smartphone est d'ailleurs très efficace. De plus, vous pouvez l'utiliser de manière individuelle ou en équipe avec un module de collaboration.

## COMMENT L'UTILISER ?

1. **Créez un compte sur le site *calendly.com/fr*.**
2. Une fois votre compte créé, **choisissez trois créneaux de temps disponibles**, nommés « les types d'évènements ». Par exemple, un premier créneau de 15 minutes pour des points rapides, un second de 30 minutes pour un échange plus long et un troisième d'une heure pour une discussion importante. C'est à vous de paramétrer ces créneaux en fonction de vos disponibilités. Dans la version gratuite, vous ne pouvez activer qu'un évènement à la fois.
3. **Choisissez le créneau qui vous convient le mieux et renseignez quand les personnes qui souhaitent vous contacter peuvent réserver cet évènement**. Calendly ajoute alors par défaut des questions obligatoires pour valider l'évènement : nom et prénom, numéro de téléphone, adresse e-mail. Libre à vous d'introduire une nouvelle question parmi les options proposées.
4. Quand tous vos paramétrages sont effectués, **copiez-collez le lien de votre évènement sur LinkedIn**. Cela peut se faire dans la messagerie privée, dans la rubrique « Infos » de votre profil ou directement dans une publication (article, *post*). Lorsqu'un nouvel évènement est créé, vous recevrez un e-mail avec toutes les informations de la personne et son numéro de téléphone. Votre agenda quotidien se mettra à jour grâce à la synchronisation de manière instantanée.

### Pour aller plus loin...

- La combinaison de plusieurs évènements est possible avec la version premium. C'est ce qu'on appelle un *workflow*.
- Pensez à envoyer un e-mail de remerciement à votre invité.
- Intégrez également votre lien sur votre site Internet si vous en disposez d'un.
- Pour toutes questions sur Calendly : *help.calendly.com/hc/fr-fr*

# PLAN D'ACTION 8

## La stratégie des 3x5 minutes

Lorsque je fais des interventions en entreprise, je considère que mon action est réussie si je favorise le passage à l'action. Voici donc pour vous un modèle d'organisation au quotidien selon trois critères, que j'appelle « la stratégie des 3x5 minutes », soit un minimum de 15 minutes chaque semaine.

### CRITÈRE 1

**Cinq minutes pour interagir avec votre réseau et partager votre analyse.** Concrètement, concentrez-vous sur des interactions qualitatives. Par exemple, un commentaire long sur une publication d'un autre professionnel, un partenaire ou un expert. C'est le plus facile pour commencer sans créer de contenu.

### CRITÈRE 2

**Cinq minutes pour ajouter des personnes.** Ciblez les personnes que vous souhaitez atteindre en priorité. Voyez LinkedIn comme un point de contact supplémentaire pour construire des relations. De plus, prenez soin d'inclure une note personnelle avec le contexte et votre point en commun.

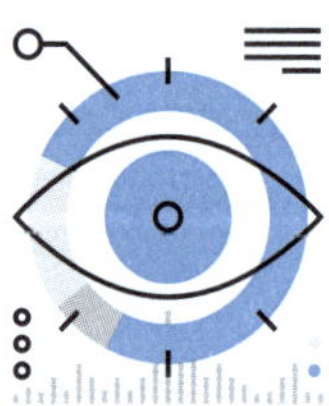

### CRITÈRE 3

**Cinq minutes pour créer du contenu.** Au début, reprenez le travail des autres avec votre veille. Par exemple, sélectionnez un article chaque semaine et rédigez une publication selon la structure en quatre paragraphes. Si vous ne donnez pas votre avis, votre analyse, cela ne représente aucun intérêt. Tout a certainement été déjà dit sur votre thématique : votre réseau souhaite vous entendre.

### UN DERNIER POINT POUR CONCLURE

**Le plus important est l'effet cumulé de votre profil.** Il n'existe pas de raccourci comme je l'entends parfois. De fait, s'engager chaque semaine sur LinkedIn représente pour vous un levier important. N'attendez pas d'avoir besoin de LinkedIn pour construire un profil optimisé, pour devenir un média et pour développer des opportunités professionnelles.

Voir Outil 29 et Plan d'action 4

## Cinq minutes par jour sur LinkedIn… selon votre niveau !

### NIVEAU 1

**1 MINUTE**
**Acceptez les demandes de contacts**
Avez-vous des demandes de connexions en attente ?

**3 MINUTES**
**Envoyez un message de remerciements à vos nouvelles connexions**
Peu importe si vous connaissez ou non la personne, il est toujours intéressant d'envoyer un message pour savoir comment cette dernière vous a trouvé ou en dire un peu plus sur vous.

**1 MINUTE**
**Connectez vous à une nouvelle personne**
Pour commencer, fixez-vous comme objectif de vous connecter avec une personne par jour.

### NIVEAU 2

**3 MINUTES**
**Regardez qui a vu votre profil**
Ces personnes ne sont peut être pas des recruteurs, vos employés ou votre employeur, mais ils pourraient le devenir !

**2 MINUTES**
**Interagissez avec votre réseau**
Commentez, *likez* un *post* ou un article pertinent dans votre thématique.

### NIVEAU 3

**3 MINUTES**
**Partagez un contenu avec votre réseau**
Publiez un *post*, un article par rapport à votre veille thématique.

**1 MINUTE**
**Commentez le *post* ou le partage d'une personne de votre réseau**
Imaginez que vous soyez avec cette personne à une fête : si cette dernière vous parle, la réaction normale est de lui répondre… C'est pareil sur LinkedIn !

**1 MINUTE**
**Organisez une rencontre avec l'un de vos contacts**
Maintenant que vous maîtrisez LinkedIn, rencontrez vos contacts.

*Source : d'après @selina_power et @robbiemon*, bluewiremedia.com.au

# Construisez un réseau avec plus de 29 000 relations

*Par Stéphane Pusset, fondateur de LCEB, La Communauté d'Entrepreneurs Bienveillants*

## COMMENT AVEZ-VOUS CONSTRUIT UN RÉSEAU DE PLUS DE 29 000 RELATIONS À CE JOUR SUR LINKEDIN ?

On construit un réseau avec une stratégie, une méthodologie. Pour cela, il faut définir sa cible tous les jours et appliquer la même recette.

1. **Regarder son fil d'actualité** et commenter quelques *posts* qui semblent pertinents afin de leur apporter son expertise.
2. **Valider des demandes de contacts** avec un petit mot d'accueil qui pousse à proposer une action/prise de contact par téléphone ou Zoom. Attention, à ce stade, on ne vend rien du tout.
3. **Choisir** par rapport à ce que l'on souhaite faire sur LinkedIn **30 profils et les demander en contacts**.
4. **Créer au moins un *post* par semaine** pour donner un rendez-vous à son audience pour montrer son expertise dans son domaine d'activité.

En réalisant cette mécanique, j'ai pu passer de 500 contacts en 2018 à plus de 29 000 aujourd'hui SANS ROBOT.

## QUE REPRÉSENTE LINKEDIN AUJOURD'HUI DANS VOTRE ACTIVITÉ ?

LinkedIn est une source intarissable de rencontre virtuelle qui se termine généralement en *live*. J'ai ainsi pu organiser plus de 50 déjeuners *Link & Eat* [nom de l'évènement] à travers le Sud-Ouest pour générer des débuts de synergies entre les membres de ma communauté LinkedIn. J'ai même pu réaliser lors de ma dernière activité professionnelle en tant que salarié plus de 200 000 € de CA grâce à mon activité sur LinkedIn !
Enfin, LinkedIn aujourd'hui me permet de mettre en place une communauté d'entrepreneurs bienveillants à Toulouse et Montauban, et bientôt dans toute la France et dans certains pays francophones.

## POUVEZ-VOUS NOUS PARLER PLUS EN DÉTAIL DU CLUB LA COMMUNAUTÉ D'ENTREPRENEURS BIENVEILLANTS ?

C'est une idée que j'ai eue dans le prolongement des déjeuners *Link & Eat* où j'ai réuni plus de 1 200 personnes. Il me manquait un ingrédient essentiel pour aller plus loin et développer nos business respectifs : le lien de confiance que l'on crée et que l'on cultive avec le temps, en se réunissant en présentiel deux fois par mois (sans compter des webinaires, une émission de radio, une émission TV web, etc.).

Alors, en pleine tempête le 1er octobre 2020, j'ai créé une communauté d'entrepreneurs bienveillante de femmes et d'hommes qui partagent les mêmes valeurs humaines que les miennes telles que le respect, l'écoute, le partage d'expérience, l'entraide, le « donner avant de recevoir » et surtout qui ont compris qu'en 2021, il fallait plus que jamais cultiver ce lien de confiance et partager son business afin de se recommander les uns les autres et ouvrir nos réseaux.

On est aussi très actifs dans l'associatif. On aide une association, Les Papillons, qui libère la parole des enfants violés, maltraités en installant des boîtes aux lettres dans les écoles et les clubs sportifs. On est d'ailleurs intervenu dernièrement pour des étudiants à Toulouse qui « crèvent la dalle » car ils ont perdu leurs contrats d'alternance à cause de la Covid-19.

## QUEL EST VOTRE POINT DE VUE SUR L'ÉVOLUTION DE LINKEDIN ?

LinkedIn est aujourd'hui très puissant par son nombre de personnes inscrites sur la plateforme en France : 16 millions ! Mais seulement 10 % l'utilisent régulièrement, ce qui est dommage et préjudiciable dans l'avenir car d'autres plateformes vont arriver et LinkedIn finira par perdre son leadership (messagerie pas du tout adaptée à suivre les messages, vidéos trop complexes à mettre en place, pas assez d'interactions en *live*, trop d'experts qui se la racontent alors qu'ils ont à peine 500 contacts...).

## SELON VOUS, QUELLES SONT LES TROIS ACTIONS PRIORITAIRES À METTRE EN PLACE SUR LINKEDIN ?

Je dirai plutôt trois postures à avoir pour toucher son audience :

- être authentique ;
- montrer ton expertise avec du concret ;
- et surtout... être régulier.

# EXEMPLES DE PUBLICATIONS SUR LINKEDIN

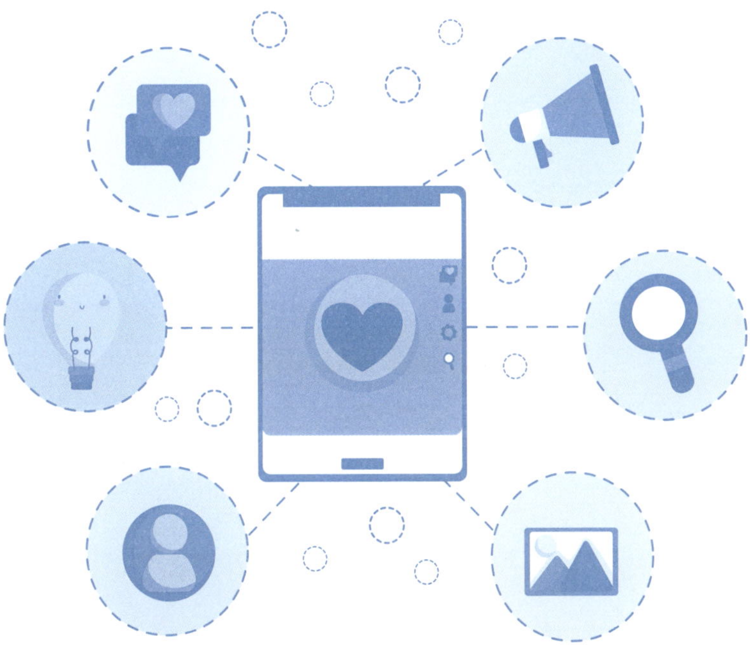

# Publication 1

## Donner un avis : verbatims avec des illustrations

**Julien Pibourret** •••

La méthode "UCI" pour développer votre marque personnelle sur LINKED...

1 mois • Modifié •

📢📢 La causerie de l'entraîneur !
Vous me reconnaissez ?

Dans cette série d'illustrations, je partage des grandes idées depuis mes débuts sur #Linkedin.

Soit vous allez relever des enseignements importants.
Soit cela sera un bon rappel concernant vos premières actions sur le #réseausocial.

Bientôt une nouvelle causerie #linkedinoutsider

61 • 24 commentaires

# Publication 2

## Faire réagir sa communauté : le sujet polémique

**Julien Pibourret**
La méthode "UCI" pour développer votre marque personnelle sur LINKED...
3 mois • Modifié •

"A la recherche d'un CDI"
Si si c'est le titre d'un résumé que je viens de voir sur #Linkedin.

C'est comme si moi j'écrivais " à la recherche de clients"
Je suis toujours abasourdi par ces présentations.

Est ce qu'en criant sur tous les toits que vous cherchez une opportunité professionnelle ça marchera ?
J'en suis pas certain

Personne ne vous attend sur le marché du travail et de manière générale.

Si vous demandez quelque chose, c'est déjà trop tard.
C'est avant qu'il faut activer votre réseau et construire des opportunités.

Donnez moi votre avis sur ce point !
Je sais je vais un peu loin dans mes propos
#linkedinoutsider #personalbranding

44 · 26 commentaires

# Publication 3

## Contenu en collaboration : les interviews LinkedIn Outsider

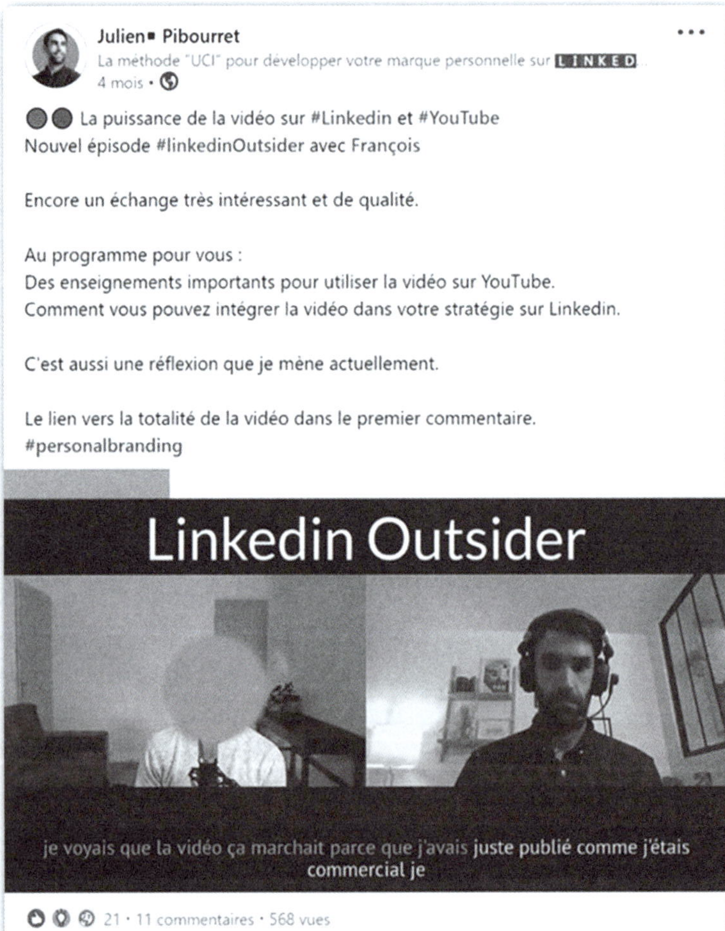

# Publication 4

## Partager une leçon, un conseil

**Julien■ Pibourret**

La méthode "UCI" pour développer votre marque personnelle sur LINKED...

9 mois • Modifié •

Arrêtez de faire les VICTIMES sur #Linkedin.
Montrez tout d'abord ce que vous pouvez apporter !!

On voit tous passer des profils sur qui cherchent des stages, alternances, etc.
Bien sur certaines personnes vont jouer le jeu pour :
liker
Commenter
Partager

Mais est ce que c'est comme cela que l'on tire le meilleur parti de son réseau professionnel.
Je ne le crois pas !!!

N'attendez pas de vouloir quelque chose pour développer votre réseau professionnel.

Vous devez construire sur la durée des opportunités et çà se fera pas du jour au lendemain.

Soyez consistant et définissez clairement vos objectifs à atteindre.

101 · 14 commentaires

# Publication 5

## Activer son réseau : demander une action

**Julien Pibourret**

La méthode "UCI" pour développer votre marque personnelle sur LINKED...

1 an(s) •

Facile !!

Faites croître immédiatement votre réseau en 3 étapes

Vous pouvez avoir des résultats incroyables

Etape 1 : Likez ce message

Etape 2 : Commentez ce message si vous cherchez des nouvelles relations. Les 50-100 personnes qui commenteront obtiendront le plus de satisfaction

Etape 3 : Envoyez une demande de connexion à toutes les personnes qui ont laissé un commentaire

Il vous suffit d'une seule personne pour rencontrer votre prochaine grande opportunité sur #Linkedin

Ceci est un test que je réalise pour aider ma communauté sur Linkedin et montrer de nouveau la puissance incroyable de cette plateforme.

C'est une nouvelle publication suite au succès de la précédente.

L'idée ne vient pas de moi, mais de ma veille quotidienne sur les pratiques de Linkedin. Merci Shaneé pour le tips.

#linkedinoutsider #personalbranding

245 · 214 commentaires

# Glossaire

- **Contenu natif** :

Contenu original hébergé directement sur une plateforme sur laquelle est faite la promotion d'une entreprise. Sur LinkedIn, on parle donc de contenu natif lorsqu'on en est l'auteur.

- ***Employee advocacy*** :

Programme consistant à encourager les employés à participer aux efforts de communication d'une entreprise et à les inciter à partager des contenus à valeur ajoutée sur leurs propres réseaux sociaux.

- ***Freemium*** :

Modèle économique (*business model*) par lequel un produit ou service est proposé gratuitement. Ce modèle est destiné à attirer un grand nombre d'utilisateurs pour ensuite chercher à les convertir en clients en les dirigeant vers une version du service plus évoluée payante ou vers des services complémentaires également payants.

- ***Hashtag*** :

Mot-clé précédé du symbole # que les internautes utilisent dans leurs publications sur les réseaux sociaux pour permettre aux autres utilisateurs d'accéder au contenu qui contient ledit mot-clé.

- ***Live*** :

Contenu effectué généralement en direct sous la forme de webinaires, webconférences, vidéos questions-réponses, etc. Terme très utilisé sur Internet et les réseaux sociaux, LinkedIn intègre maintenant cette fonctionnalité.

- ***Personal branding*** :

Pratique qui consiste à promouvoir son image et ses compétences par le biais de techniques marketing et publicitaires utilisées habituellement pour promouvoir une marque. Dans cette démarche, on cherche à devenir soi-même une « marque reconnue ». La démarche de *personal branding* peut être entreprise dans le cadre d'une activité professionnelle ou à titre plus personnel.

- **Prospection inversée** :
Désigne le fait de solliciter des personnes ayant déjà eu une action envers soi sur LinkedIn (une vue de profil, une nouvelle relation, une interaction sur une publication, etc.). C'est un moyen moins intrusif pour générer de nouveaux contacts.

- ***Targeting*** :
Méthode visant des sous-ensembles de population selon des caractéristiques précises, utilisée pour « cibler ». Après identification *via* le moteur de recherche LinkedIn, il faut développer une stratégie pour atteindre ses « *targets* » (cibles).

- ***Template*** :
Désigne un exemple, un modèle sur lequel on se base pour concevoir un logiciel, un design, un site, etc.

- ***Social Selling Index*** :
Indicateur proposé par LinkedIn à ses utilisateurs pour évaluer leur présence sur le réseau social à des fins de *personal branding* et d'efficacité commerciale. Le *Social Selling Index* (SSI) prend la forme d'un score, ou d'une note sur 100, basé sur la mesure de l'activité sur le réseau.

- ***Stories*** :
Publications éphémères qui durent 24 heures seulement. Elles sont destinées à inciter les internautes à publier de manière plus spontanée. Sur LinkedIn, elles se trouvent en haut du fil d'actualité uniquement depuis l'application sur téléphone.

- ***Workflow*** :
Système permettant un enchaînement automatisé de tâches faisant généralement appel à différentes étapes. Dans le domaine du marketing, cet usage est très fréquent.

# Témoignages

« Julien m'a formé sur LinkedIn. C'est un réseau que j'appréciais déjà beaucoup et après avoir suivi ses conseils je suis encore plus convaincu de la puissance de cette plateforme. Grâce à sa formation et son approche, j'ai pu me mettre en avant et j'ai désormais les clés pour réussir un *post*, gagner des contacts ciblés. Je suis en confiance et prête à passer à l'action ! Julien est clair et direct dans ses explications, j'aime beaucoup son approche. Pour moi c'est le formateur idéal sur ce sujet ! Que vous soyez entreprise, salarié ou même étudiant, Julien sait vous accompagner dans la réussite de vos objectifs. »

Angélique Leveque, *social media manager*

« Julien ou comment passer d'aimable utilisateur de LinkedIn à professionnel. Il nous a accompagné au travers de sa formation afin d'améliorer et d'optimiser notre communication. Structuré et pédagogue, il a permis à l'équipe de découvrir progressivement les arcanes du réseau social. »

Pierrick Boissellier, EDIXIA

« Nous avons fait appel aux compétences de Julien pour former nos chargés de partenariats à l'utilisation d'outils digitaux comme LinkedIn. Il est très pédagogue et son enseignement est complet, à la pointe des dernièr(e)s méthodes et usages. Il a su apporter à la fois de la théorie et de la pratique à chaque séance, tout en écoutant/répondant aux questionnements des personnes en formation, durant les sessions mais également après sur des demandes très précises. Nous avons pu mettre en pratique ses conseils rapidement, quasiment à la fin de chaque session. Nous pouvons dire aujourd'hui que nous avons les premières clés pour instaurer une démarche de prospection et de recherche de partenaires *via* LinkedIn... C'est maintenant à nous d'agir et surtout d'interagir ! »

Alisée Salles, chargée de relations entreprises

« J'ai eu la chance de participer aux formations de Julien lors de mon passage à l'IMCI pour devenir *social media manager*. Formateur pédagogue, dynamique, impliqué et patient, Julien m'a permis de me faire découvrir tout le potentiel de LinkedIn que j'utilisais alors comme simple CV. Ses formations sont riches, intenses, rythmées et complètes avec une maîtrise parfaite du sujet. »

Coralie Simonaire, consultante *social media*

« Un formateur sur LinkedIn et les réseaux sociaux à l'écoute, sans chichi, très sympa et extrêmement pragmatique et pédagogique. J'ai testé ses conseils à peine quelques jours après la formation et j'ai déjà réussi à décrocher un stage de fin d'études sur LinkedIn. Bref, si vous voulez découvrir la puissance des réseaux sociaux et notamment de LinkedIn, n'hésitez pas à faire appel à lui pour vous former, les yeux fermés ! »

Audrey Lemaire, *community manager*

« Je suis partie de la base sur LinkedIn avec Julien et j'ai appris les principales fonctionnalités de la plateforme par sa formation. Une formation d'une grande cohérence, qualitative et facile à suivre, il suffit d'appliquer les consignes. Pas à pas, on arrive à construire son réseau et Julien ne lâche jamais l'affaire.
C'est avec le suivi assidu de Julien que la confiance prend place et tout devient très naturel sur LinkedIn. Sans la formation, aurais-je compris tout l'intérêt de LinkedIn aussi rapidement ? J'en doute. Je vous recommande la formation de Julien pour développer votre marque sur les réseaux sociaux et surtout sur LinkedIn. »

Nathalie Mégange, assistance commerciale & *community manager*

« Julien est un véritable coach digital. J'ai été séduit par sa démarche, qui fait la part des choses entre l'écume des réseaux sociaux (visibilité, nombre de *likes*) et l'engagement sur la durée. Et cette démarche est efficace : elle donne des résultats tangibles en nombre de contacts physiques générés et d'opportunités business.
J'ai en particulier pu constater par moi-même la complémentarité d'un réseau social comme LinkedIn avec mon réseau physique. Par ses conseils judicieux et pratiques, Julien m'a permis d'être contacté par des personnes de mon réseau physique grâce à ma présence sur LinkedIn. Je recommande vivement de faire appel à lui pour tirer le meilleur profit de ces outils sans s'y perdre. *Last but not least*, il est engagé, sympathique et doté d'un sens du service remarquable. »

Pierre-Manuel Sroczynski, *C-Level compliance advisor & manager for financial institutions executive boards*

# Remerciements

Je tiens à remercier mon éditeur Dunod et tout particulièrement Chloé Schiltz pour m'avoir accordé sa confiance pour cet ouvrage.
Je tiens également à remercier Ludivine Le Gall pour ses précieuses et minutieuses relectures, et ses commentaires toujours pertinents.
Un merci particulier à Nadège Martin-Ortega pour ses corrections très utiles pour moi.

À mon ancien professeur de marketing à l'ESC Pau, Frédéric Dosquet, sans qui ce nouveau projet pour moi n'aurait pas vu le jour.

Enfin un immense merci à tous les contributeurs qui se sont donné la peine de participer à cet ouvrage afin de le rendre plus enrichissant : Julien Bréal, Jonathan Noble, Stéphane Pusset et Frédéric Dosquet.

Pour finir je serai très heureux de dialoguer avec vous, lecteurs et lectrices. N'hésitez pas à m'écrire à l'adresse e-mail suivante : *julien.pibourret@gmail.com* ou sur LinkedIn !

82548 - (I) - SOP 90° - 542 - PCA - API
Dépôt légal : septembre 2021
Imprimerie Chirat, 42540 Saint-Just-la-Pendue
*Imprimé en France*